일기로
시작하는
술술 글쓰기

일기로 시작하는 술술 글쓰기

지은이 이향안
그린이 박지영
펴낸이 정규도
펴낸곳 (주)다락원

초판 1쇄 발행 2019년 3월 4일
2쇄 발행 2020년 6월 10일

편집총괄 최운선
기획편집 김경민
디자인 로컬앤드

다락원
주소 경기도 파주시 문발로 211
내용문의 (02)736-2031 내선 275
구입문의 (02)736-2031 내선 250~252
Fax (02)732-2037
출판등록 1977년 9월 16일 제406-2008-000007호

값 12,000원
ISBN 978-89-277-4723-9 63710

http://www.darakwon.co.kr
다락원 홈페이지를 통해 인터넷 주문을 하시면 자세한 정보와 함께
다양한 혜택을 받으실 수 있습니다.

일기가 술술,
글쓰기가 술술!

우리가 생활 속에서 늘 보고 즐기며 쓰는 것이 글이에요.

책, 신문, 핸드폰 등 어디를 보나 글이 있으니까요.

그런데 '글쓰기'라는 말만 들어도 인상을 쓰며 고개를 절레절레 흔드는

어린이들이 있어요. 그런 어린이들에게 왜 글쓰기를 싫어하는지 물어보면

이렇게 대답하지요.

"지루하고 재미없어요!"

"어려워요!"

글쓰기는 정말 재미없고 어려운 걸까요?

글은 사실 어려울 게 없어요.

내 마음이나 생각을 표현하는 방법의 하나거든요.

그림이나 노래로 내 마음을 표현하는 것과 같아요.

그림을 그리고 노래를 부르듯 글도 그렇게 재미나게 쓰면 돼요.

글 쓰는 방법이나 요령을 모르겠다고요?

걱정하지 말아요. 술술샘과 호야와 함께 글쓰기 비법을 차근차근 배우면

되거든요.

그것도 간단하게 일기를 통해서 말이에요.

일기만으로 글쓰기를 술술 잘할 수 있냐고요?

물론이에요. 글쓰기라면 진저리를 쳐 대던 호야도 술술샘을 만난 뒤로

글쓰기 박사가 된걸요.

설명하는 글, 주장하는 글, 소개하는 글, 편지, 시 등 연필만 들었다 하면

척척, 술술 잘도 쓴답니다.

여러분도 글쓰기 박사가 되고 싶다고요?

그럼 지금부터 술술샘에게 배워 보도록 해요.

일기로 배우는 술술 글쓰기!

2019년 3월

이향안

이 책의 순서

등장인물

호야

세상에서 글쓰기가 가장 무서운 아이.
술술샘에게 글쓰기 특별 수업을 받게 된다.

술술샘

호야에게 글쓰기 특급 비법을
전수해 주는 인자한 선생님.
동에 번쩍 서에 번쩍 나타나
호야를 도와준다.

개와 고양이

호야네 가족과 같이 사는 반려동물.
호야와 술술샘을 졸졸 따라다니며 글쓰기
수업을 같이 듣는다.

윤지

공부도 잘하고 글도 잘 쓰는 호야네 반 우등생.
밝고 활동적인 성격이다.

세린이

호야가 첫눈에 반해 버린 전학생.
호야와 같은 초록 아파트에 살게 된다.

호야 아빠

신문사 기자.
호탕하고 인자한 분이다.

호야 엄마

꽃집을 운영하는
플로리스트.
손재주가 뛰어나고
자상한 분이다.

호야 형

호야와 사소한 일로 자주 다투지만,
먼저 사과하는 마음 넓은 형이다.

삼촌

가끔 부모님이 늦게 올 때면
호야와 놀아 주는 재미난 삼촌이다.

술술샘과의 첫 만남

종례 시간이었어. 담임 선생님께서 생글생글 웃는 얼굴로 말씀하시는 거야.

"이번 달 학급 과제는 일기 쓰기라고 했지? 금요일에 과제 검사할 거니까, 그동안 쓴 일기장 가져와야 해. 알았지?"

"네! 선생님!"

아이들은 합창이라도 하듯 입을 모아 대답했지. 단 한 사람, 호야만 빼고서 말이야.

교실 맨 앞자리에 앉은 호야는 한숨만 늘어지게 쉬었지.

"에구, 어떡해!"

종례를 마치고 집으로 가는 호야의 발걸음은 무쇠처럼 무거웠어.

"일기는 하나도 안 썼는데……."

집 현관문을 열면서도 호야는 한숨을 푹푹 뱉어 냈지.

"아휴, 어떡하지?"

그런데 이게 웬일이람. 한 번도 본 적 없는 낯선 사람이 호야를 반기는 거야.

"안녕! 호야!"

그것도 아주 반갑게 말이야.

"누, 누구세요?"

"누구긴. 오늘부터 너에게 글쓰기를 가르쳐 줄 선생님이지."

아하! 그제야 호야는 기억이 났어. 어제저녁에 엄마가 했던 말이 말이야.

"내일부터 글쓰기를 가르쳐 줄 선생님이 오실 거야. 가르친 아이는 단번에

글쓰기 도사로 만들어 버리는 최고 실력파 선생님이래. 학교 다녀오면 집에 와

계실 테니까 수업 잘 받아."

그런데 선생님이란 사람은 실력이 아니라 목소리가 최고인 거 같았어.

거실이 울리도록 큰 목소리로 자신을 소개했거든.

"난 어떤 아이든 글쓰기가 술술 되게 만들어 주지. 술술샘이라고 부르면 돼."

술술샘은 호기심 가득한 눈으로 말을 이었어.

"너희 반 이번 달 과제가 일기 쓰기라며? 일기장 좀 보자꾸나."

일기란 말에 호야의 인상이 확 구겨졌지.

"없어요! 전 일기 안 써요."

"왜? 왜 일기를 안 쓰니?"

"못 쓰니까 그렇죠. 쓰는 방법도 모르고, 재미도 없어요. 글쓰기는

질색이라고요!"

술술샘이 큰 소리로 웃어 댄 건 그때였어.

"하하하!"

호탕하게 웃고 난 술술샘은 자신만만한 목소리로 소리쳤지.

"내가 제대로 왔군. 내가 하는 일이 바로 그거거든. 글 쓰는 방법을 모르는 아이, 글쓰기가 싫고 짜증이 나는 아이! 그런 아이들에게 글쓰기의 신세계를 알려 주는 사람! 그 사람이 바로 나, 술술샘이야. 그것도 일기 하나면 완성! 일기로 완성하는 글쓰기의 신세계!"

호야는 술술샘이 어쩌면 정말 글쓰기 도사일지도 모른다는 생각이 들었어.

술술샘이 인자하게 말했지.

"자, 지금부터 글쓰기 수업을 시작해 볼까?"

오늘 하루 어땠니?

일기 쓰는 걸 너무 어렵게
생각하지 마.

일기 쓰는 건 정말 힘들어요.
무엇을, 어떻게 써야 할지
모르겠어요.

일기는 한자어로 '날 일(日),
기록할 기(記)', 즉 '하루 일을
기록하는 것'이라는 뜻이야.
그러니까 오늘 하루 있었던 일을
되새겨 봐. 오늘 무슨 일이 있었지?

아침에 일어나서
학교 가고, 음….

호야의 오늘 하루

오늘 하루 어땠니?

일기는 어떻게 쓰는 걸까?

호야는 오늘 하루의 대부분을 학교에서 보냈어.

언제나 그렇듯 수업을 듣고, 급식을 먹고, 체육 시간에 친구들과 농구를 하면서 말이야.

그런데 이 모든 일을 일기로 써야 하는 걸까?

그렇지 않아. 일기는 하루 동안 일어난 일 중에서 가장 기억에 남는 일을 쓰면 되거든.

무슨 일을 써야 할지 모르겠다고? 하루하루가 늘 비슷하지 않냐고?

맞아. 사실 호야의 오늘 하루도 평소와 별다른 건 없어 보여.

그럴 때는 스스로 이런 질문을 해 보면 돼.

'오늘 하루 겪은 일 중에서 지금 가장 기억나는 일이 뭐지?'

> 그럼 그걸 쓰면 돼.
> 오늘 일기 제목은
> '체육 시간에 있었던 일'이라고
> 하면 되겠네.

> 철이랑 체육 시간에 있었던
> 일이 자꾸 생각나요.

호야의 일기

제목	체육 시간에 있었던 일

체육 시간에 친구들과 농구를 했다.

그런데 골대에 공을 넣으려다가 그만 철이와 어깨가 부딪혔다.

그 바람에 철이가 바닥에 넘어지고 말았다.

나는 넘어지지 않았지만, 부딪힌 쪽 어깨가 욱신욱신 아팠다.

호야는 일기에 체육 시간에 있었던 일을 그대로 적었어.

일기만 봐도 그때 무슨 일이 벌어졌는지를 금세 알 수 있지.

그런데 벌어진 일만 쓴 걸 보니 어때?

뭔가 밋밋한 느낌이 들지 않아?

마치 양념이 빠진 음식처럼 말이야.

여기에 맛있는 양념이 필요해.

그게 바로 **감정**이야.

호야는 철이와 부딪힐 때 어떤 기분이었을까?

또 철이가 넘어지는 걸 볼 때 어떤 마음이었을까?

오늘 하루 어땠니?

내 감정을 알아보자!

감정은 어떤 일을 겪고 나서 느끼는 기분이나
마음을 뜻하지. 기쁨이나 설렘, 놀람이나 슬픔,
두려움과 당황 등 다양한 마음 상태를 말해.
우리는 하루하루 다양한 감정을 느끼며 살아가.
그래서 감정을 표현하는 말도 아주 다양해.

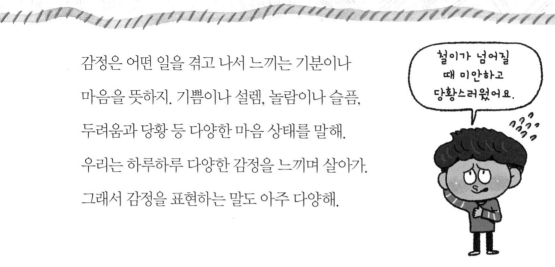

철이가 넘어질
때 미안하고
당황스러웠어요.

미니 퀴즈 1 내 감정을 맞혀 봐!

다음 상황에 알맞은 감정을 선으로 이어 봐.

1. 달리기 시합에서 1등으로
달리다가 넘어져 꼴찌를 했다.

① 미안하다.

2. 내가 잘못 던진 공에
동생이 머리를 맞았다.

② 속상하다.

3. 내일 소풍을 갈 생각에
잠이 오지 않았다.

③ 설렌다.

4. 부모님이 외출하셔서
혼자서 집을 보았다.

④ 기쁘다.

5. 갖고 싶던 스마트폰을
생일 선물로 받았다.

⑤ 불안하다.

정답: 1-②, 2-①, 3-③, 4-⑤, 5-④

╾미니 퀴즈 2╤ 내 감정을 표현해 줘!

다음 주어진 상황을 읽고, 상황에 맞는 감정을 표현하는 글을 직접 써 봐.

1. `상황` 단짝 친구가 전학을 갔다.

감정을 표현해 봐 - - - ▶ `예문` 이제 친구를 볼 수 없다고 생각하니 너무 슬펐다.
이럴 줄 알았으면 친구와 더 많은 시간을 보낼 걸 하고
후회했다.

2. `상황` 내일은 기다리던 소풍날이다.

감정을 표현해 봐 - - - ▶

3. `상황` 그네를 타다가 넘어져 무릎이 까졌다.

감정을 표현해 봐 - - - ▶

4. `상황` 연습을 열심히 해서 훌라후프를 100번이나 돌렸다.

감정을 표현해 봐 - - - ▶

98, 99, 100!
이건 기적이야, 놀라워!

5. `상황` 동생이 내가 제일 아끼는 로봇 장난감을 망가뜨렸다.

감정을 표현해 봐 - - - ▶

속상해,
내가 제일 아끼는
물건인데!

호야의 오늘 하루 감정 분석

호야의 오늘 하루 경험에도 복잡하고 다양한 감정이 숨어 있어.

호야는 어떤 감정을 느꼈을까? 호야가 느꼈을 감정을 〈보기〉에서 찾아서 써 봐!

보기			
놀라고 당황하는 마음	부러운 마음	억울하고 속상한 마음
후회하는 마음	신나고 기쁜 마음	걱정하는 마음

1.
으악, 지각이다! 이를 어쩌면 좋아!

으악

2.
내일은 꼭 일찍 일어날 거야.

3.
윤지가 이번 교내 글쓰기 대회에서 1등을 했어요.

윤지는 좋겠다. 글도 잘 쓰고.

4.
히히, 역시 돈가스가 최고야!

호무

5.
뭐야, 너 일부러 그런 거지?

운동하다 보면 그럴 수도 있지. 왜 화를 내니?

6.
철이가 아직도 화났나 봐.

아직 안 썼는데…

금요일에 일기 쓰기 과제를 검사하겠어요~

정답: 1. 놀라고 당황하는 마음, 2. 후회하는 마음,
3. 부러운 마음, 4. 신나고 기쁜 마음,
5. 억울하고 속상한 마음, 6. 걱정하는 마음

탐구 하나

다시 쓴 일기

감정을 표현하는 말을 이용하면 내 감정을 솔직하게 표현한 글을 쓸 수 있어.

일기를 훨씬 풍성하게 꾸밀 수 있지.

호야의 일기에 호야가 느낀 감정이 들어가면 어떻게 될까?

호야의 일기

제목	체육 시간에 있었던 일

체육 시간에 친구들과 농구를 했다.

감정 내가 가장 좋아하는 운동인 농구를 하게 돼서 정말 신났다.

그런데 골대에 공을 넣으려다가 그만 철이와 어깨가 부딪혔다.

그 바람에 철이가 바닥에 넘어지고 말았다.

나는 넘어지지 않았지만, 부딪힌 쪽 어깨가 욱신욱신 아팠다.

감정 사실 그때는 철이에게 정말 미안했다. 당장 사과하고 싶었다.

그런데 철이가 나를 노려보며 "뭐야, 너 일부러 그런 거지?"라고

말하니까 억울하고 속상했다. 사과하고 싶은 맘이 싹 사라졌다.

그런데 지금 생각해 보니 후회가 된다. 나보다 철이가 더 아팠을 것이다.

철이와 부딪힌 건 너무 서두른 내 탓이었다.

내일 철이를 만나면 꼭 사과해야겠다.

일기를 써 보자!

오늘은 무슨 일이 있었니? 그때 어떤 감정이 들었어?

오늘 하루를 되돌아보며 가장 기억에 남는 일을 일기로 써 봐.

제목		년 월 일
		날씨

오늘 겪은 일이라면…
친구 도와주고! 거리에
떨어진 휴지 줍고!

거짓말 마라옹!
난 오늘 네가 한 일을
모두 알고 있다옹!

예 — 리

설명하는 글

사실을 그대로 표현해 봐!

> 어제 일기 쓰는 법을 배웠으니까
> 오늘은 일기를 잘 쓸 수 있겠지?

> 오늘은 어떤 일이 있었니?
> 가장 기억에 남는 일이 뭐야?

> 김밥요!
> 참치김밥 만드는 법을
> 배웠거든요.

일기로 시작하는 설명하는 글

호야의 오늘 하루는 좀 특별했어.

늦게 집에 오는 부모님을 대신해서 삼촌이 방문했거든.

호야는 저녁 메뉴로 삼촌과 참치김밥을 만들어 먹었지.

삼촌은 색다른 참치김밥 비법을 호야에게 알려 주었어.

바로 참치에 볶은 김치를 넣으면 김치의 시큼한 맛이

참치의 느끼한 맛을 잡아 준다는 사실!

삼촌에게서 참치김밥을 만드는 방법을 배워서 직접 만들어 본 건

특별한 경험이야.

이렇듯 평소에 경험하지 못한 새로운 일은 일기의 소재로 정말 최고지.

더구나 요리는 맛있기까지 하니까 일석이조야.

선생님도 호야가 만든 김밥 맛이 궁금한걸?

오늘 일기는 잘 쓸 자신이 있어요. 김밥 만들기가 정말 재밌었지요. 그 이야기를 일기로 써 볼 거예요.

사실을 그대로 표현해 봐!

25

호야의 일기

제목	김밥을 만든 날

오후에 삼촌이 우리 집에 왔다.

엄마와 아빠가 늦게 오는 날이라서 내 저녁을 만들어 주기로 했기

때문이다.

삼촌은 요리를 정말 잘한다.

잡채, 샌드위치, 파스타…… 뭐든 척척 만들어 준다.

그중에서도 난 삼촌이 만든 참치김밥을 가장 좋아한다.

오늘도 참치김밥을 만들어 달라고 삼촌을 졸랐다.

그런데 삼촌이 생각지도 못한 제안을 해 왔다.

"호야도 참치김밥 만드는 법 배워 볼래? 삼촌이 가르쳐 줄게."

이야, 내가 참치김밥을 만든다니 신이 났다.

내가 좋다고 하자 삼촌은 참치김밥 만드는 방법을 차근차근 알려 주었다.

참치김밥을 만드는 건 생각보다 훨씬 쉽고 재미있었다.

내가 만들어서 그런지 맛도 최고였다.

다음에는 엄마와 아빠에게도 내가 만든 김밥 맛을 보여 줘야겠다.

우아! 정말 재미있게 잘 쓴 일기야.

호야가 삼촌과 참치김밥을 만들게 된 이유도 잘 드러나고,

참치김밥을 만들면서 느낀 감정도 자세히 표현되어 있어.

그런데 이 일기를 읽다 보니까 갑자기 궁금해지네.

참치김밥은 어떻게 만드는 걸까?

일기에 참치김밥을 만드는 방법을 적으면

훨씬 풍성한 일기가 될 것 같지 않니?

나중에 참치김밥을 만드는 방법을 잊어버렸을 때 찾아볼 수도 있고 말이야.

그러니까 일기에 참치김밥을 만드는 방법도 적어 보도록 하자.

참치김밥을 만드는 방법을 어떻게 설명하냐고?

설명하는 글을 이용하면 아주 간단해!

설명하는 글이 뭘까?

설명하는 글은 읽는 사람이 어떤 지식이나 정보를 잘 이해할 수 있도록

쉽게 풀어서 쓴 글이야. 새로운 정보를 알려 주는 유익한 글이지.

설명하는 글을 잘 쓰려면 나의 의견이나 감정보다는 **사실**을 있는 그대로 써야 해.

또한, **쉬운 낱말**을 사용해서 **짧은 문장**으로 풀어서 쓰는 게 좋아.

그래야 어려운 내용도 쉽게 이해시킬 수 있어.

무언가 궁금한 것이 생겼을 때 찾아보는 사전은 대표적인 설명하는 글이야.

사전 속에 글은 객관적인 사실이 쉽고 짧은 문장으로 쓰여 있어.

⟨미니 퀴즈 1⟩ 사전 놀이를 해 보자!

다음 단어를 사전에서 찾고, 단어의 뜻을 쉽고 짧은 문장으로 써 봐.

1. 독도

> **예문** 경상북도 울릉군 울릉읍 독도리에 있는 섬이다. 우리나라 동쪽 제일 끝에 위치한다. 독섬이라고도 불리며, 면적은 18만 7,554㎡이다. 2개의 바위섬과 89개의 바위로 이루어진 화산섬이다.

2. 성탄절 - - -▶

3. 악어 - - -▶

4. 장마 - - - ▶

5. 비옷 - - - ▶

≈미니 퀴즈 2≈ 이게 뭘까?

다음 글을 읽고, 이 글이 무엇을 설명하고 있는지 알아맞혀 봐.
[   ]에 들어갈 알맞은 이름을 써 보는 거야.

1. 나방과 [   ]는 생김새가 비슷하다. 하지만 자세히 보면 다르다.
나방은 더듬이가 깃털처럼 생겼지만, [   ]는 더듬이가 곤봉 모양이다.
또 나방은 날개를 펴고 앉지만, [   ]는 날개를 붙여 접고 앉는다.
활동 시기도 달라서 나방은 밤에, [   ]는 주로 낮에 움직인다.

- - - ▶

2. [   ]는 쌀이 귀하던 시절에 사람들의 배고픔을 달래 주던 곡식이었다.
밭에 심어 기르는 한해살이풀로 다 자라면 높이가 60cm에 이른다.
[   ]는 식물의 뿌리가 아니고 땅속에 생긴 덩이줄기이다. [   ]는 주로 삶거나 쪄서
먹고 반찬 재료로 이용하는데, 우리나라 사람들은 떡이나 당면 등을 만들어 먹기도 한다.

- - - ▶

3. [   ]는 개와 함께 가장 많이 키우는 애완동물 중 하나이다.

옛날에 우리나라 사람들은 [   ]를 주로 쥐를 잡기 위해 길렀다. 더듬이 역할을 하는 수염이 있어서 살살 돌아다니는 쥐를 단박에 잡아낼 수 있다. 또 눈이 밝은 동물이라 어두운 곳에서는 사람보다 여섯 배나 더 잘 볼 수 있다.

4. [   ]은 우리나라와 동남아시아 사람들이 끼니로 먹는 주요 곡식이다.

논이나 밭에 심어 기르는 한해살이 작물이다.

[   ]은 7~9월에 줄기 끝에서 꽃이 피고 이삭을 맺는다. 가을이면 이삭이 누렇게 익으며 고개를 숙이는데, 이 모습을 빗대어 '벼 이삭은 익을수록 고개를 숙인다.'라는 속담까지 만들어졌다.

5. [   ]는 24절기 중에서 22번째 절기이다.

12월 22일과 23일경으로 일 년 중 낮이 가장 짧고 밤이 가장 길다.

옛날부터 [   ]에는 팥죽을 쑤어 먹는 풍습이 있었다.

옛사람들은 [   ]에 팥죽을 먹으면 나쁜 기운을 쫓아낼 수 있다고 믿었다고 한다.

--- ▶

정답: 1-나비, 2-감자, 3-고양이, 4-쌀, 5-동지

설명하는 글을 읽어 보자!

설명하는 글은 우리 생활 주변에서 쉽게 발견할 수 있어.

과연 어떤 것들이 있을까? 우리 주변에 있는 설명하는 글을 읽어 보자.

1. 대표적인 설명하는 글 – 신문 기사

자신만만 어린이
– 4학년 3반 학급 신문 –

2019년 5월호

어린이날 선물, 더 이상 고민하지 마세요

다가오는 5월 5일은 어린이날이다. 어린이날은 어린이의 지위 향상을 위해 방정환 선생님이 맨 처음 만드신 날이다. 어린이날에는 보통 부모님으로부터 선물을 받게 된다. 그런데 아이들이 정말 받고 싶은 선물은 따로 있다고 한다. 요즘 아이들이 원하는 선물이 무엇일지 아이들 20명을 대상으로 설문 조사를 해 보았다.

설문 조사 결과 1위 스마트폰 7명, 2위 태블릿 PC 5명, 3위 장난감 4명, 4위 용돈 3명, 5위 학용품 1명으로 나타났다. 아이들이 가장 갖고 싶어 하는 선물은 스마트폰이었다. 스마트폰을 뽑은 이유로 친구들과 소통하기 위해서라는 답변이 제일 많았다. 인터넷 검색을 자유자재로 하고 싶다는 답변도 그 뒤를 따랐다. 태블릿 PC는 동영상을 어디서든 볼 수 있다는 휴대성 때문에 2위로 선정되었다. 3위 장난감은 용돈을 모아서 사기에는 비싸서 선물로 받고 싶다는 이유가 제일 많았고, 비슷한 이유에서 4위에 용돈이 올랐다. 용돈을 받아 내가 원하는 것을 직접 사겠다는 답변이 나왔다. 5위 학용품은 1명이 선택했는데, 스마트폰과 태블릿 PC, 장난감을 가지고 있어서 일상생활에서 유용하게 쓸 수 있는 실용적인 선물이 좋다는 이유였다.

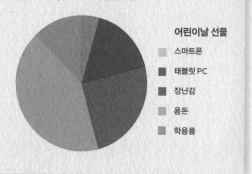

어린이날 선물
- 스마트폰
- 태블릿 PC
- 장난감
- 용돈
- 학용품

사실을 그대로 표현해 봐!

신문 기사를 읽고서 다음 질문에 답해 봐!

1. 아이들이 가장 받고 싶은 어린이날 선물을 신문 기사에서 찾아서 써 봐.

가장 받고 싶은
선물:
_____

이유:

2. 어린이날에 어떤 선물을 받고 싶은지 친구에게 물어보자.
그리고 친구가 그 선물을 받고 싶은 이유를 객관적으로 써 봐.

가장 받고 싶은
선물:
_____

이유:

◀ 해열 진통제 사용 설명서 ▶

이 약을 사용하기 전에 반드시 사용 설명서를 주의 깊게 읽어 보시고, 사용 설명서는 항상 약과 함께 보관하세요.

※ 주의: 허가된 효능·효과와 다른 용도로 사용하면 부작용이 나타날 수 있어요.

[효능·효과]

1. 주 효능·효과: 감기로 인한 발열 및 통증, 두통, 신경통, 근육통, 월경통, 염좌통(삔 통증).

2. 다음 질환에도 사용할 수 있어요. 치통, 관절통.

◼ 소화기 사용 설명서 ◼

1. 손잡이 옆에 달린 안전핀을 빼세요.

2. 소화기 호스를 불이 난 곳으로 향하게 잡으세요.

3. 손잡이를 강하게 움켜쥐어서 소화기액을 뿌리세요.

사실을 그대로 표현해 봐!

* 냉장고 사용 설명서 *

1. 소음

[물 흐르는 소리가 나요]

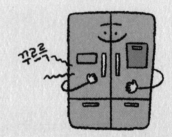

- 냉장고 안을 차게 해 주는 냉매 소리이거나
성에가 물이 되어 흐르는 소리예요.

2. 온도

[온도 표시부가 깜빡깜빡해요]

- 냉장고 문을 자주 열거나, 따뜻한 식품을 넣으면 내부
온도가 높아져서 온도 표시부가 깜빡거려요. 냉장고가
가동되어 정상적인 온도가 되면 깜빡거림이 멈춰요.

3. 냉장실 얼음

[냉장실 안에 보관된 음식이 얼어요]

- 냉기가 나오는 곳과 가까운 쪽에 보관된 음식은
얼 수 있어요. 음식물을 다른 곳으로 옮겨 주세요.
또는 냉장실 온도를 '약'으로 바꿔 주세요.

4. 냄새

[냉장고 안에서 냄새가 나요]

- 뚜껑을 덮지 않고 반찬을 보관하거나
육류, 생선류, 건어물을 비닐 포장하지 않고
오랜 시간 보관하면 냄새가 날 수 있어요.

사용 설명서를 읽고서 다음 질문에 답해 봐!

1. 앞의 글은 다양한 제품에 대한 사용 설명서의 일부분들이야.
   우리 주변에 있는 다양한 사용 설명서를 찾아서 그 내용을 써 봐.

_____

_____

_____

_____

_____

_____

2. 사용 설명서에 쓰인 용어 중 모르는 단어가 있을 거야.
   그 단어를 적고, 사전에서 단어의 뜻을 찾아서 써 봐.

_____

_____

_____

_____

_____

_____

사실을 그대로 표현해 봐!

다시 쓴 일기

설명하는 글을 이용하면 자세하고 분명한 글을 쓸 수 있어.

일기를 훨씬 풍부하게 꾸밀 수 있지.

호야의 일기에 참치김밥 만드는 방법을 설명해 주면 어떻게 될까?

호야의 일기

제목	김밥을 만든 날

오후에 삼촌이 우리 집에 왔다. 엄마와 아빠가 늦게 오는 날이라서 내

저녁을 만들어 주기로 했기 때문이다.

삼촌은 요리를 정말 잘한다. 잡채, 샌드위치, 파스타…… 뭐든 척척 만들어

준다. 그중에서도 난 삼촌이 만든 참치김밥을 가장 좋아한다.

오늘도 참치김밥을 만들어 달라고 삼촌을 졸랐다.

그런데 삼촌이 생각지도 못한 제안을 해 왔다.

"호야도 참치김밥 만드는 법 배워 볼래? 삼촌이 가르쳐 줄게."

이야, 내가 참치김밥을 만든다니 신이 났다.

내가 좋다고 하자 삼촌은 참치김밥 만드는 방법을 차근차근 알려 주었다.

참치김밥을 만드는 건 생각보다 훨씬 쉽고 재미있었다.

삼촌이 알려 준 방법은 이랬다.

<참치김밥 만드는 방법>

재료: 김밥 발, 김, 흰쌀밥, 달걀지단, 시금치, 우엉, 볶은 김치, 참치, 마요네즈, 깨

[만드는 방법]

1. 기름을 짠 참치에 마요네즈를 넣어 비벼 둔다.

2. 김밥 발을 펴고 그 위에 김을 놓는다. 김 위에 밥을 잘 펴서 깐다.

3. 밥 위에 달걀지단, 시금치, 우엉을 올린다.

4. 볶은 김치를 같이 올려 시큼한 맛을 살린다.

5. 마요네즈 섞은 참치도 기다란 모양으로 올려놓는다.

   이때 재료들을 끄트머리에 모아 두어 말기 좋게 만드는 것이 포인트!

6. 김밥 발을 이용해서 단단히 눌러 가며 김을 말아 준다.

7. 깨를 솔솔 뿌리고, 먹기 좋은 크기로 썰어 주면 참치김밥 완성!

내가 만들어서 그런지 맛도 최고였다.

다음에는 엄마와 아빠에게도 내가 만든 김밥 맛을 보여 줘야겠다.

사실을 그대로 표현해 봐!

설명하는 글을 써 보자!

혼자서도 만들 줄 아는 요리가 하나쯤은 있을 거야.

아니면 직접 만들 수 있는 물건이 있을 수도 있어.

그 방법을 알기 쉽게 적어서 설명하는 글을 완성해 봐.

아끼는 물건의 사용법을 설명하거나 특별한 일에 관해 기사를 써도 좋아.

제목	

<＜호야 사용 설명서＞>

1. 늦잠을 잘 때는 핥으면 일어난다.
2. 하루 3번 산책을 시켜 운동시킨다.

뿌-듯

아니, 우리 집 강아지가 설명하는 글을 쓰다니!

혁

사실을 그대로 표현해 봐!

내 의견을 내세워 봐!

오늘은 학급 회의가 있었다고?

네, 금요일에 늘 학급 회의를 하거든요. 오늘 회의 안건은 학급 신문 만들기였어요.

아하! 학급 신문을 만들지 말지를 의논한 거구나. 그럼 그걸 일기로 쓰면 되겠군.

오케이, 좋아요!

학급 회의에서 생긴 일

내 의견을 내세워 봐!

일기로 시작하는 주장하는 글

호야네 반에서 오늘 학급 회의가 열렸어.

학급 신문을 만들지 말지를 결정하는 중요한 회의였지.

학급 회의는 토론의 기본자세와 방법을 배울 수 있는 아주 유익한 시간이야.

토론은 어떤 주제에 대하여 여러 사람이 각각 의견을 말하고 논의하는 것을

말해. 토론이라니 생각만 해도 따분하다고? 그렇지 않아.

토론은 대화의 기술을 배우는 시간이기도 해.

내 생각을 주장과 근거를 들어 말하고, 또 상대방의 주장과 근거에 귀 기울이는

뜻깊은 기회거든. 이번 회의는 호야가 원하는 쪽으로 결론이 났으니 호야에게는

더 신나고 재미난 경험이었을 거야.

그 기쁨을 일기로 써 보면 어떨까?

호야의 일기

제목	학급 회의

우리 반은 금요일마다 학급 회의를 한다. 오늘 회의 안건은 '학급 신문

만들기'였다. 찬성하는 아이들은 학급 신문을 만들면 우리 반에 관한

관심이 높아지고, 친구들과 더 친해질 수 있다면서 한 달에 한 번씩 신문을

만들자고 말했다.

반대하는 아이들도 생각보다 많았다. 귀찮아서 하기 싫다는 아이, 그런 건

성적에도 안 들어가는데 왜 만드냐며 인상을 쓰는 아이도 있었다. 하지만

오래 토론하고 투표한 결과, 학급 신문을 만들자는 쪽으로 결정이 났다.

회의가 끝나자마자 소담이가 기사를 쓰고 취재할 기자가 하고 싶은

아이들을 모았다. 취재 기자를 다 모으자 이번에는 소담이가 사진 찍는

일을 맡아 줄 사람 없냐고 목청껏 소리쳤다.

나는 번쩍 손을 들고 말했다. "내가 할게! 사진은 자신 있어!"

덕분에 나는 학급 신문 만들기 팀의 사진 기자가 되었다.

내가 좋아하는 사진 찍는 일을 하게 돼서 정말 신났다.

앞으로 사진 기자답게 멋진 사진을 많이 찍을 것이다.

내 의견을 내세워 봐!

오호! 학급 회의를 소재로 아주 재미있게 잘 쓴 일기야.

학급 신문이란 안건을 두고 반 아이들이 얼마나 열심히 회의했는지 잘

드러나고, 또 사진 기자가 되어 기쁜 호야의 마음도 잘 표현되었어.

그런데 아쉬운 점이 한 가지 있는걸?

호야의 주장은 일기 속에 전혀 드러나지 않았어.

친구들이 '학급 신문을 만들자.'와 '학급 신문을 만들지 말자.'로 나뉘어서 자기

의견을 주장할 때 **호야는 어느 쪽 주장에 찬성했니?**

그렇게 주장한 근거는 뭐였어?

그 내용을 첨가하면 훨씬 조리 있는 멋진 일기가 될 거야.

자신의 주장을 표현하는 방법을 모르겠다고?

좋아! 그럼 이번에는 주장하는 글에 대해서 알아보자.

주장하는 글이 뭘까?

주장이라는 말 들어 봤니?

주장은 한자어로 '자기 생각을 내세운다.'라는 뜻이야.

내 생각을 자유롭게 표현하고 분명하게 밝히는 연습을 하면 누구나 주장을 할 수 있지.

주장하는 글은 다른 말로 설득하는 글이라고도 볼 수 있어.

주장하는 글의 목적은 어떤 주제에 관한 생각과 의견을 체계적으로 표현해서

다른 사람을 설득하는 것이기 때문이야.

주장하는 글을 쓸 때는 두 가지를 꼭 기억해 둬.

바로 **주장**과 **근거**야. 이 두 가지만 있으면 자기 생각을 명확하게 전달할 수 있지.

주장으로 내 입장을 먼저 밝히고, 근거를 뒷받침해서 논리적으로 설득하는 거야.

주장과 근거가 짜임새를 갖추면 글에 통일감이 생겨서 쉽게 공감을 끌어낼 수 있어.

생각일까, 사실일까?

주장하는 글에는 내 생각이 담긴 **생각의 문장(주장)**과 그 생각을

뒷받침하는 **사실의 문장(근거)**이 들어가.

그렇다면 생각의 문장과 사실의 문장은 어떻게 다를까?

1. 남북통일은 꼭 이루어져야 한다.

2. 남한과 북한은 같은 언어인 한국어를 쓴다.

두 문장 중에서 1번 문장이 생각의 문장이야. 남북통일을 긍정적으로 여기는

생각이 담겨 있어. 반면 2번 문장은 사실의 문장이야. 남한과 북한이 같은

언어를 쓰는 민족이라는 사실을 말하고 있지.

생각의 문장을 찾아라!

다음 문장은 생각의 문장일까, 사실의 문장일까?
두 문장 중에서 생각의 문장에 동그라미를 해 봐.

1. 쓰레기는 환경을 오염시킨다. (   )
2. 쓰레기를 분리해서 버리자. (   )

_____

3. 아마존 밀림을 보호해야 한다. (   )
4. 아마존 밀림에는 수많은 야생 동물이 살고 있다. (   )

_____

5. 이를 하루에 3번씩 잘 닦자. (   )
6. 우리 입안에는 다양한 세균이 살고 있다. (   )

_____

7. 장미꽃은 매우 아름답다. (   )
8. 장미는 빨간색, 자주색, 흰색 등 다양한 꽃을 피운다. (   )

_____

9. 기침하면 바이러스가 다른 사람에게 전파된다. (   )
10. 기침할 때는 입을 휴지나 소매로 가리자. (   )

정답: 2-○, 3-○, 5-○, 7-○, 10-○

왜냐하면 놀이를 해 봐!

다음 문장은 주장이 담긴 생각의 문장이야.
'왜냐하면'이란 접속어 뒤에 각 주장에 알맞은 근거인 사실의 문장을 써 봐.

예문 난 피아노 학원에 가는 게 싫다.
왜냐하면 5개월 동안 연습해도 피아노 실력이 늘지 않기 때문이다.

---

1. 사계절 중에서 가장 아름다운 계절은 여름이다.

왜냐하면

---

2. 학교에 갈 때는 옷을 단정하게 입어야 한다.

왜냐하면

---

3. 아프리카 원숭이를 보호해야 한다.

왜냐하면

---

4. 자기 방 청소는 스스로 해야 한다.

왜냐하면

---

5. 책을 많이 읽어야 한다.

왜냐하면

주장하는 글은 어떻게 쓸까?

주장하는 글은 기본 형식이 있어. 바로 서론, 본론, 결론이라는 세 단계로

구성돼. 이 구성만 알면 주장하는 글을 쉽게 쓸 수 있어.

자기 생각이 담긴 주장이 들어가는 첫머리 글을 **서론**이라고 해.

그다음은 주장을 뒷받침할 근거를 제시하는 **본론**이 펼쳐지지.

그리고 마지막으로 앞의 내용을 요약하고 정리하는 마무리 글은 **결론**이야.

주장하는 글의 기본 형식

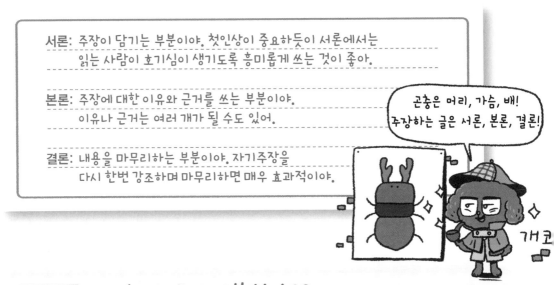

서론: 주장이 담기는 부분이야. 첫인상이 중요하듯이 서론에서는
읽는 사람이 호기심이 생기도록 흥미롭게 쓰는 것이 좋아.

본론: 주장에 대한 이유와 근거를 쓰는 부분이야.
이유나 근거는 여러 개가 될 수도 있어.

결론: 내용을 마무리하는 부분이야. 자기주장을
다시 한번 강조하며 마무리하면 매우 효과적이야.

곤충은 머리, 가슴, 배!
주장하는 글은 서론, 본론, 결론!

개코

〔미니 퀴즈 3〕 주장하는 글의 기본 형식은?

다음 빈칸에 알맞은 말을 써 봐.

주장하는 글의 기본 형식은 　　　　　, 　　　　　, 　　　　　이다.

정답: 서론, 본론, 결론

주장하는 글을 읽어 보자!

주장하는 글은 매우 다양해. 신문 기사 중에서도 주장하는 글 형식을
빌려 쓴 기사가 있고, 학자들이 자신의 주장을 펴는 논문도 주장하는 글이지.
학교에서도 다양한 주장하는 글을 써. 회장 선거를 앞두고서 쓴 학급 회장 후보
발표문, 과학 글쓰기, 환경 글쓰기도 모두 주장하는 글이야.
지금부터 다양한 주장하는 글을 읽어 보자.

1. 신문 기사

영양제를 먹어야 할까? 말아야 할까?

요즈음 사람들은 세끼를 먹고, 거기에 각종 영양제까지 먹고는 한다. 그러나 몸에
특별한 이상이 없다면 꼭 영양제를 먹지 않아도 된다.

——————————————————————————— ① [   ]

영양제 섭취를 권장하는 사람들은 현대인의 식습관에 주목한다. ○○ 대학교의
○○○ 교수는 "인스턴트와 패스트푸드에 익숙한 현대인들의 식습관으로는 다
양한 음식을 섭취하기 힘들지요. 그러다 보면 영양소 균형이 맞지 않아 다양한
질병이 생길 수 있답니다. 그러니까 영양제를 먹으면 건강을 지킬 수 있어요."라
고 설명한다.

하지만 굳이 영양제를 먹지 않아도 된다는 의견도 만만치 않다. △△ 병원의 △△
△ 의사는 "사실 영양제를 먹지 않아도 아무 탈 없이 잘 살아온 사람들이 대부분
이죠. 오히려 현대인들은 다이어트를 생각해야 할 정도로 과잉 영양 속에서 살고
있어요. 그러니 건강한 사람이 균형 있게 식사를 하고 있다면 특별히 영양제를 따
로 먹을 필요는 없습니다. 가장 이상적인 영양 섭취는 자연식품을 균형 있게 먹는
것이지요."라고 말한다.

——————————————————————————— ② [   ]

그렇다면 영양제는 먹어야 할까, 먹지 말아야 할까?

두 전문가의 의견을 종합해 보면 그 속에 정답이 숨어 있다. 잘못된 식습관으로 영양소의 불균형이 생긴다는 것! 그러니 바르고 균형 있는 식습관을 가지면 따로 영양제를 먹지 않아도 된다. △△ 병원의 △△△ 의사의 마지막 말처럼 가장 이상적인 영양 섭취는 자연식품을 균형 있게 먹는 것이다.

③ [   ]

미니 퀴즈 4 주장하는 글에서 중요한 요소를 찾아라!

1. 앞의 신문 기사는 서론, 본론, 결론의 세 단계로 잘 구성되어 있어.

[   ]로 글의 진행 단계를 구분해 두었어. [   ]가 어느 단계에 해당하는지 써 봐.

①-[   ],   ②-[   ],   ③-[   ]

정답: ①-서론, ②-본론, ③-결론

2. 앞의 신문 기사에 주장에 대한 근거를 한 가지 더 추가하면 어떨까?

한 가지 근거를 자유롭게 써 봐.

_____

_____

_____

_____

_____

_____

성실한 심부름꾼이 되겠습니다!

안녕하세요. 여러분의 친구 호야가 이번 학기 회장 후보로 나왔습니다.

저를 회장으로 뽑아 주신다면 우리 학급을 위해 늘 최선을 다하겠습니다.

회장이란 학급 친구들을 호령하는 자리가 아닙니다.

힘든 일과 어려운 일을 도맡고, 앞장서서 실천하는 일꾼이 바로 회장이라고

저는 생각합니다. 저는 학급 신문의 사진 기자로 일하기 때문에 학급의

구석구석을 누구보다도 잘 알고 살필 수 있습니다. 또한, 오랜 봉사 활동 경험으로

친구들의 목소리에 귀 기울이고, 친구들의 고민을 속 시원하게 풀어 줄 자신도

있습니다. 성실한 심부름꾼이 될 자질이 충분한 준비된 회장입니다.

그러니 저, 호야에게 소중한 한 표를 주시기 바랍니다.

미니 퀴즈 5 주장하는 글에서 중요한 요소를 찾아라!

1. 위의 글에서 호야는 무엇을 친구들에게 주장하고 있니?

2. 호야는 주장에 대한 근거로 자기의 경험 두 가지를 말하고 있어.
  두 가지 근거를 찾아서 써 봐.

_____

_____

_____

내 의견을 내세워 봐!

과학이 발달하면 과연 좋기만 할까?

과학의 발달로 사람들은 편리하고 윤택한 생활을 하게 되었다. 인쇄기나 세탁기의 발명으로 고된 노동에서 벗어나게 되었고, 자동차나 비행기의 발명은 사람들이 먼 거리를 빨리 이동할 수 있게 해 주었다. 우주선의 발명은 먼 우주에 대한 환상과 희망을 현실로 만들었다. 그러나 과학의 발달은 사람들에게 나쁜 영향을 주기도 했다.

전구는 에디슨이 발명한 발명품이다. 전구의 발명은 밤에도 세상을 밝게 만드는 기적 같은 일을 만들어 냈다. 덕분에 우리는 밤에도 책을 읽고, 안전하게 밤거리를 거닐 수 있게 되었다. 그런데 전구의 발명은 우리 생활에 부정적인 변화를 일으키기도 했다. 어떤 학자들은 전구의 발명이 사람들의 노동 시간을 늘린 불행한 사건이었다고 말한다. 밤이 낮처럼 환해지면서 기업가들은 노동자들에게 밤에도 일할 것을 명령했다. 그 때문에 노동자들은 잠잘 시간을 줄여야 했고, 노동으로 인한 피로와 병은 점점 늘어났다.

노벨이 발명한 화약도 과학 발달에 대한 경각심을 일깨워 주는 사건 중 하나이다. 노벨은 화약 폭발 사고로 사람들이 죽는 것을 막기 위해 안전한 새 화약을 발명하는 데 성공했다. 그런데 발명한 화약이 무기로 쓰여서 오히려 수많은 사람을 죽이는 살상 무기가 되자, 노벨은 무척 괴로워했다. 그래서 자신의 유산을 기금으로 세계 평화를 위해 일한 사람들에게 상을 주라는 유언을 남기게 된다. 그렇게 해서 만들어진 상이 노벨상이다.

과학의 발달은 인류 문화에 엄청난 변화를 가져온 큰 사건이다. 하지만 그것이 꼭 인류에게 이로운 방향으로만 발달한 것은 아니다. 그러니 이제는 과학의 발달에 열광만 할 때가 아니다. 그보다는 과학이 나아갈 올바른 방향에 대해 모두가 깊이 고민해야 할 때다.

주장하는 글에서 중요한 요소를 찾아라!

1. 앞의 글에서 주장하는 내용이 무엇인지 써 봐.

2. 앞의 글에는 주장에 대한 근거로 두 가지가 나와 있어. 두 가지 근거를 찾아서 써 봐.

_____

_____

3. 글쓴이의 주장에 반대할 수도 있어. 그렇다면 반대하는 주장과 근거를 자유롭게 써 봐.

나의 주장:
_____

_____

주장에 대한 근거:
_____

_____

_____

_____

_____

_____

내 의견을 내세워 봐!

다시 쓴 일기

주장하는 글을 이용하면 논리적이고 호소력 있는 글을 쓸 수 있어.

일기를 훨씬 풍부하게 꾸밀 수 있지. 호야의 일기에 호야의 주장과 근거를

넣어 주면 어떻게 될까?

호야의 일기

제목	학급 회의

우리 반은 금요일마다 학급 회의를 한다.

오늘 회의 안건은 '학급 신문 만들기'였다.

찬성하는 아이들은 학급 신문을 만들면 우리 반에 관한 관심이 높아지고,

친구들과 더 친해질 수 있다면서 한 달에 한 번씩 신문을 만들자고 말했다.

서론 나는 학급 신문을 만들자는 의견에 찬성했다.

본론 어른들의 도움을 받지 않고 우리 힘으로 신문을 만든다니 너무

근사했다. 우리가 주인공이 되어 우리 이야기를 만들어 내는 것만큼

뜻깊은 일은 없을 것이다.

게다가 찬성하는 아이들이 말한 이유에도 공감이 됐다.

친구들과 함께 신문 기삿거리를 찾고 대화하다 보면, 자연스럽게

학급 일에 관심이 늘고, 친구들과 사이도 더 돈독해질 테니 말이다.

결론 그래서 나는 학급 신문을 꼭 만들어야 한다고 생각한다.

반대하는 아이들도 생각보다 많았다.

귀찮아서 하기 싫다는 아이, 그런 건 성적에도 안 들어가는데 왜 만드냐며

인상을 쓰는 아이도 있었다.

하지만 오래 토론하고 투표한 결과, 학급 신문을 만들자는 쪽으로

결정이 났다.

회의가 끝나자마자 소담이가 기사를 쓰고 취재할 기자가 하고 싶은

아이들을 모았다. 취재 기자를 다 모으자 이번에는 소담이가 사진 찍는

일을 맡아 줄 사람 없냐고 목청껏 소리쳤다.

나는 번쩍 손을 들고 말했다.

"내가 할게! 사진은 자신 있어!"

덕분에 나는 학급 신문 만들기 팀의 사진 기자가 되었다.

내가 좋아하는 사진 찍는 일을 하게 돼서 정말 신났다.

앞으로 사진 기자답게 멋진 사진을 많이 찍을 것이다.

주장하는 글을 써 보자!

평소에 "난 이렇게 생각해."라고 내 주장을 말하고 싶은 게 있었을 거야.

그걸 주장하는 글로 써 봐. 부모님이나 친구, 선생님에게 하고 싶은 말이어도

좋아. 대통령님께 꼭 건의하고 싶은 일이 있다면 그것도 괜찮아.

제목	
서론:	
본론:	

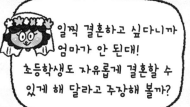

일찍 결혼하고 싶다니까 엄마가 안 된대! 초등학생도 자유롭게 결혼할 수 있게 해 달라고 주장해 볼까?

우리도 결혼하게 해 주세용~

결론:

탐구 넷   감상문

어떤 기분을 느꼈니?

처음 간 콘서트

어떤 기분을 느꼈니?

일기로 시작하는 감상문

주말을 맞이하여 호야네 가족 모두가 콘서트를 보러 갔어.

누구의 콘서트냐고? 호야가 이름만 들어도 자다가 벌떡 일어날 정도로

좋아하는 세븐 보이스의 콘서트였지.

좋아하는 가수를 직접 만나고, 멋진 라이브 무대도 봤으니 호야는 무척 설레는

하루를 보냈을 거야.

음악은 현장에서 생생하게 들을수록 감동이 두 배가 되거든.

더구나 오늘 경험은 온 가족이 함께해서 더욱더 뜻깊었어.

기억에 오래도록 남는 추억이 되었겠는걸?

멋진 추억을 쌓은 만큼 일기장에 쓸 내용도 많고, 느낀 점도 많았을 거야.

멋진 일기가 되겠는걸? ───

쓰고 싶은 게 아주 많아요.
온 가족이 간 것도 좋았고,
콘서트도 멋졌거든요.

가는 길에 지하철을 잘못
타서 고생했지만요, 쩝!

호야의 일기

제목	세븐 보이스 콘서트

오늘은 정말 특별한 날이다.

엄마, 아빠, 형과 함께 내가 좋아하는 세븐 보이스 콘서트에 다녀왔기

때문이다. 사실 세븐 보이스를 너무 좋아하지만, 콘서트에 가 본 적은

없었다. 그래서 이번 콘서트가 기대되었다.

콘서트는 오후 3시였다. 점심을 먹고 출발하면 넉넉한 시간이었다.

그런데 하필 지하철을 거꾸로 탔지 뭔가. 지하철을 다시 갈아타느라

시간이 많이 지체되었다. 혹시라도 콘서트에 늦으면 어쩌나 하고 마음이

조마조마했다.

콘서트장에 도착하니 3시가 되기 5분 전! 휴, 콘서트에 늦지 않아

다행이었다. 5분 뒤에는 기다리던 콘서트 시작! 숨을 돌릴 틈도 없이

콘서트장 안으로 들어갔고, 자리에 앉자마자 콘서트가 시작되었다.

세븐 보이스의 콘서트는 정말 멋졌다.

콘서트가 끝난 후, 엄마도 세븐 보이스 팬이 됐다고 말했다. 앞으로

엄마와 함께 세븐 보이스 노래를 들을 생각을 하니 가슴이 벅차오른다.

어떤 기분을 느꼈니?

오호! 아주 특별한 일기야.

가족 모두가 콘서트를 즐긴 것도 특별한 경험인데, 엄마를 아이돌 가수의 팬으로 만들었다니! 세븐 보이스가 이 일기를 읽는다면 정말 좋아하겠는걸?

콘서트에 처음 가는 설레는 감정과 콘서트에 가기까지의 과정이 일기에 잘 드러났어.

또 콘서트에 늦을까 봐 걱정했던 마음도 일기에 잘 담겼지.

그런데 이 일기에도 아쉬운 점이 한 가지 있어.

오늘 일기 제목은 '세븐 보이스 콘서트'인데 정작 콘서트에 관한 내용이 없잖아.

어떤 공연이 벌어졌고, 그걸 보면서 느낀 감상이 빠졌어.

호야가 제일 좋아하는 아이돌 가수의 콘서트였던 만큼 감상이 남달랐을 거 같은데 말이야. 콘서트는 어떻게 진행되었어? 가장 멋있었던 무대는 어떤 무대였어?

그런데 감상은 어떻게 적는 걸까.

좋아! 그럼 이번에는 감상문을 알아보자.

감상문이 뭘까?

감상은 마음속에서 일어나는 느낌이나 생각을 의미해.

감상문은 보통 **예술 작품**을 이해하고 즐기는 과정에서 일어나는 **주관적인 느낌과 생각**을 생생하게 쓴 글이지. 그래서 감상문은 객관적인 사실과는 거리가 멀어.

솔직한 내 느낌이나 생각을 생동감 있게 표현하는 게 중요하지.

예술 작품은 매우 다양해. 영화, 드라마, 연극, 음악, 무용, 사진, 소설, 시, 그림, 조각, 건축 등 모두 우리 주변에서 쉽게 접할 수 있는 것들이야. 어렵게 생각하지 않아도 돼. 평소에 예술 작품을 자주 접하고, 내 느낌과 생각을 표현하는 연습을 하면 감상문을 잘 쓸 수 있어.

〈미니 퀴즈 1〉 느낌과 생각 표현하기

다음 그림을 보고 느낀 느낌과 생각을 자유롭게 표현해 봐.

1.

예문

느낌과 생각:
그림을 본 순간 신비로운 느낌이 들었어. 아마도 색이 어둡고, 그림 속의 여인이 미소를 머금고 있기 때문일 거야. 그런데 여인은 왜 눈썹이 없을까? 너무 궁금해.

2.　　　　　　　　　　　　　　　　느낌과 생각:

3.　　　　　　　　　　　　　　　　느낌과 생각:

4.　　　　　　　　　　　　　　　　느낌과 생각:

어떤 느낌일까?

다음 사물의 사진을 보고 느낀 느낌이나 생각으로 알맞은 것을 선으로 이어 봐.

1.

●   ① 울퉁불퉁 거칠어.

2.

●   ② 씹으면 쫄깃쫄깃할 거야.

3.

●   ③ 보들보들 부드러워.

4.

●   ④ 따끔따끔할 거 같아.

5.

●   ⑤ 물컹물컹해서 누르면 으깨질 거야.

정답: 1-②, 2-①, 3-③, 4-⑤, 5-④

어떤 기분을 느꼈니?

감상문을 읽어 보자!

어떤 감상문이 잘 쓴 감상문일까? 바로 읽는 사람이 **공감하는** 글이야.
여행을 가거나, 영화를 보거나, 책을 읽으면서 가장 기억에 남거나 감동한
부분이 있었니? 재미없거나 아쉬웠던 부분도 좋아. '나라면 이랬을 텐데.' 하고
내 입장이나 계획을 적어도 좋지. 감상문을 읽은 누군가가 여행을 가고 싶고,
영화를 보고 싶고, 책을 읽고 싶어지도록 만들었다면 매우 잘 쓴 글이야.
솔직한 느낌과 생각을 잘 전달하면 생동감이 생겨서 공감하기 쉬워지거든.
요즘은 감상문의 형태가 매우 다양해. SNS를 통해 올라오는 글들도 감상문인
셈이지. 다양한 감상문을 읽어 보도록 하자.

1. 여행 감상문

경주를 다녀와서

얼마 전, 신라에 관한 역사책을 읽었다. 책을 읽고 나니 경주에 대한 궁금증이 생
겼다. '천년 고도라는 신라의 수도 경주는 어떻게 생겼을까?' 그래서 부모님과 함
께 2박 3일로 경주 여행을 떠났다.

경주에서 첫날은 불국사와 첨성대를 구경했다. 말로만 듣던 불국사는 상상하던
것보다 훨씬 멋진 절이었다. 특히 절에 있는 석가탑과 다보탑이 인상적이었다. 마
주 선 두 탑이 "내가 더 멋지지?", "천만에! 내가 훨씬 멋지지?" 하면서 서로 경쟁
하는 것 같았다. 이런 상상을 하자 웃음이 자꾸 나왔다.

오후에 간 첨성대는 무척 감동적이었다. 넓고 평평한 땅 위에 늠름하게 선 첨성대
는 마치 신라의 장군 같았다. 신라인들이 이곳에서 별과 달을 관찰했을 거라고 상
상하니 신비한 느낌도 들었다. 마침 첨성대 뒤로 빨간 노을이 지고 있었는데, 노을
과 어우러진 첨성대는 무척 신비롭고 아름다웠다.

이튿날에는 뜻밖의 장소에 가게 됐다. 남산이라는 곳이었는데, 바위 곳곳에 불상이 새겨진 특별한 산이었다. 숨어 있는 불상을 찾는 건 보물찾기처럼 재미났다.

신라는 불교 국가였다. 신라인들은 남산을 부처가 머무는 산이라고 여기며 신성시했다고 한다. 그래서인지 산 곳곳에 새겨진 불상들이 진짜 부처님처럼 신비롭게 보였다. 남산의 불상들을 구경하다 보니 하루가 금세 가 버렸다. 산속의 불상을 모두 보지 못한 것이 못내 아쉬웠다.

경주에는 불국사, 첨성대, 남산 외에도 다양한 문화재와 불교 유적이 많다. 경주는 신라 천 년의 역사가 서린 곳이라서 도시 전체가 박물관이자 유적지이다. 2박 3일 동안 그 모든 것을 보기에는 시간이 너무 모자랐다.

다음 날 아침, 아쉬운 마음에 발걸음이 잘 떨어지지 않았다.

그래서 다음에 다시 온 가족이 경주로 여행을 오기로 약속했다.

다음 경주 여행은 꼭 7박 8일쯤 되는 긴 일정으로 짜서, 느긋한 마음으로 경주의 곳곳을 돌아보며 신라의 향취를 제대로 느낄 것이다.

미니 퀴즈 3 여행 계획표를 만들어 봐!

여행을 가기 전에 보통 여행 계획을 짜게 돼. 위의 여행 감상문을 읽고서 가족이 만들었을 여행 계획표를 완성해 봐.

여행 계획표

여행지:

여행 목적:

여행 기간:

참가 인원:

구경하고 싶은 것:

〈겨울 왕국〉을 보고

애니메이션 영화 사상 국내 최초로 1000만 관객을 기록한 영화! 전 세계적으로 영화 〈아바타〉에 버금가는 신드롬을 일으킨 영화! 이 정도면 떠오르는 영화가 있죠? 바로 〈겨울 왕국〉이에요. 이 정도로 찬사를 받은 영화이니 안 볼 수가 없지 뭐예요. 안데르센의 작품 중에서도 걸작으로 꼽히는 동화 《눈의 여왕》에서 소재를 따왔다는 〈겨울왕국〉은 동화와는 전혀 다른 이야기였어요. 얼음을 다루는 마법을 가진 언니 엘사와 평범한 동생인 안나는 자매이자, 가장 친한 친구였지요. 그러나 엘사는 모든 것을 얼려 버리는 자신의 힘이 무서워 왕국을 떠나고, 안나는 왕국의 저주를 풀기 위해 언니를 찾아 떠나요. 갖은 고생과 모험 끝에 행복한 결말을 맞는 두 자매의 이야기는 보는 내내 가슴을 따뜻하게 해 주었지요.

이 영화의 하이라이트는 멋진 영상과 노래였어요. 겨울 왕국의 새하얀 풍경 속에서 울리는 노래 〈let it go〉에 반하지 않을 사람이 누가 있겠어요? 〈let it go〉는 국내 음원 순위를 모두 휩쓸 정도로 인기 있는 노래였어요. 영화를 보고 온 뒤에 이상한 버릇이 생겼어요. 〈let it go〉 노래를 흥얼거리는 버릇! 저만 그런 건가요? 〈let it go〉를 들으며 〈겨울 왕국〉의 감동을 다시 느껴 보고 싶다면 아래 영상을 클릭하세요!

⸘미니 퀴즈 4⸙ 영화 감상문을 읽고 다음 문제를 풀어 봐!

1. 위의 감상문은 어떤 영화를 보고 난 뒤에 쓴 것일까?

2. 글쓴이는 이 영화의 하이라이트로 무엇을 꼽았니?

동화《그 여름의 덤더디》를 읽고

이 책의 앞표지에는 늙은 소의 앞을 두 팔로 막고 선 까까머리 남자아이가 있다. '이건 무슨 장면일까?' 하는 궁금증에 뒤표지를 보니 "걱정 마라, 이제 전쟁도 끝날 거란다."라는 말이 쓰여 있었다. 그래서 '아하! 전쟁 이야기구나!' 하고 생각했는데, 막상 책장을 넘겨 보니 아주 평화로운 마을 풍경이 그려져 있었다. 그림 속 마을은 너무 평화로워서 전쟁이 일어날 것처럼 보이지 않았다. 이런 평화로운 마을에서 대체 왜 전쟁이 벌어진 걸까 하는 궁금증으로 나는 책을 집어 들었다.

덤더디는 이 책에 나오는 소의 이름이다. 주인공 소년 탁이는 집에서 키우는 덤더디를 가족같이 여긴다. 그런데 갑자기 전쟁이 나서 탁이 가족은 덤더디를 데리고 피난을 가면서 갖은 고난을 겪게 된다는 내용이 이 동화의 줄거리이다.

책을 읽으면서 가장 슬펐던 장면은 바로 앞표지에 나오는 장면이었다. 긴 전쟁으로 식량이 바닥나자 마을 사람들은 덤더디를 잡아먹기로 한다. 표지 그림은 덤더디가 잡혀가는 걸 막기 위해 까까머리 탁이가 소를 마을 사람들로부터 지키고 선 장면이었다. 하지만 탁이의 노력에도 불구하고 덤더디가 마을 사람들의 식량으로 이용되는 걸 막을 수는 없었다. 덤더디가 죽는 장면은 너무 슬펐는데 그 부분을 읽을 때는 나도 모르게 눈물이 줄줄 흘렀다.

1950년에 벌어진 6·25 전쟁은 아주 비극적인 사건이었다. 수많은 사람이 죽었고, 천만 명이 넘는 이산가족이 생겼다. 만약 그때 나도 전쟁을 겪었다면 어땠을까? 생각만 해도 무섭고 슬프다. 가족과 이웃이 죽어 가는 걸 보는 건 얼마나 끔찍할까? 전쟁 속에서 산다는 건 지옥일 것이다. 《그 여름의 덤더디》를 읽는 내내 이런 의문도 생겼다. 전쟁은 왜 일어날까? 우리 민족은 왜 남과 북으로 갈라져서 총부리를 겨누어야만 했을까?

사실 이 책을 읽기 전까지 난 전쟁이 별것 아니라고 생각했다. 그런데 덤더디를 통해 만난 전쟁은 너무도 무서운 비극이었다. 다시는 이 땅에서 전쟁이 일어나지 않기를 바란다.

어떤 기분을 느꼈니?

1.《그 여름의 덤더디》라는 동화는 실제 일어난 역사적 사건을 배경으로 한 작품이야.

어떤 사건인지 찾아서 써 봐.

2. 앞의 독서 감상문을 읽고 느낀 나의 감상을 자유롭게 써 봐.

다시 쓴 일기

감상문을 이용하면 생동감 넘치고 공감 가는 글을 쓸 수 있어.

일기를 훨씬 풍성하게 꾸밀 수 있지.

호야의 일기에 콘서트를 본 감상을 넣어 주면 어떻게 될까?

호야의 일기

제목	세븐 보이스 콘서트

오늘은 정말 특별한 날이다.

엄마, 아빠, 형과 함께 내가 좋아하는 세븐 보이스 콘서트에 다녀왔기

때문이다. 사실 세븐 보이스를 너무 좋아하지만, 콘서트에 가 본 적은

없었다. 그래서 이번 콘서트가 기대되었다.

콘서트는 오후 3시였다. 점심을 먹고 출발하면 넉넉한 시간이었다.

그런데 하필 지하철을 거꾸로 탔지 뭔가. 지하철을 다시 갈아타느라

시간이 많이 지체되었다. 혹시라도 콘서트에 늦으면 어쩌나 하고 마음이

조마조마했다.

콘서트장에 도착하니 3시가 되기 5분 전! 휴, 콘서트에 늦지 않아

다행이었다. 5분 뒤에는 기다리던 콘서트 시작! 숨을 돌릴 틈도 없이

콘서트장 안으로 들어갔고, 자리에 앉자마자 콘서트가 시작되었다.

감상문 첫 노래는 내가 가장 좋아하는 <널 사랑해>였다. 노랫소리가 들리자

관객들은 함성을 질렀다. 그러자 세븐 보이스의 멤버들이 멋진 모습으로

등장해 노래를 시작했다. 온몸에 전율이 흘렀다.

"와! 세븐 보이스 짱!" 나는 힘껏 외쳤다. 세븐 보이스는 노래뿐만이

아니라 춤 실력도 최고였다. 7명이 한 몸처럼 맞춰 추는 칼 군무를

눈앞에서 직접 보다니! 신이 나서 내 몸도 음악에 따라 움직이고 있었다.

첫 곡을 시작으로 세븐 보이스의 인기곡 10곡이 줄줄이 이어졌다.

관객들의 함성과 세븐 보이스의 노랫소리가 콘서트장에 쩌렁쩌렁 울렸다.

잊지 못할 광경이었다.

콘서트 내내 얼마나 소리를 질렀는지 목이 다 쉬어 말이 잘 나오지 않았다.

춤을 따라 추느라 서 있었더니 다리도 아팠다. 그래도 후회는 없다.

세븐 보이스의 콘서트는 내 인생에서 최고로 멋진 경험이었다.

콘서트가 끝난 후, 엄마도 세븐 보이스 팬이 됐다고 말했다. 앞으로 엄마와

함께 세븐 보이스 노래를 들을 생각을 하니 가슴이 벅차오른다.

감상문을 써 보자!

최근에 다녀온 여행이 있니? 여행을 주제로 감상문을 써 봐.

제목	

이번 여행은 제주도로 떠나자!

한라봉, 고기 국수! 생각만 해도 군침 도는걸?

어떤 기분을 느꼈니?

차근차근 정리해 볼까?

방학에는 뭘 할 거니?

이야, 며칠만 있으면 여름 방학이다! 신난다!

그럼 오늘 일기는 '방학에 하고 싶은 일'을 써 보면 좋겠구나.

하고 싶은 게 정말 많아요. 일단 실컷 자고, 여행도 가고, 야구장도 가고….

일기로 시작하는 계획하는 글

호야는 이번 여름 방학 계획을 매우 알차게 세웠어.

늦잠 자기, 무인도 여행하기, 가족들과 운동 경기 관람하기, 할머니 댁에 놀러

가기! 호야는 어느 것 하나도 빼놓을 수 없었지.

방학이 다가온다는 건 정말 신나는 일이야. 학교생활 때문에 그동안 할 수

없었던 일을 해 볼 수 있는 절호의 기회니까 말이야.

그래서 다가올 방학 기간에 무엇을 할지 계획을 세워 보는 건 아주 중요해.

계획해서 하는 일과 무작정 하는 일은 결과가 확연히 다르거든.

자, 그럼 오늘은 여름 방학 계획으로 일기를 써 보도록 하자.

호야의 일기

제목	나의 여름 방학 계획

이야! 여름 방학이 코앞으로 다가왔다.

아, 얼마나 기다리고 기다리던 방학인가!

방학 기간을 알차게 보내려면 미리 철저한 계획을 짜야 한다.

그래서 오늘은 온종일 이번 방학에 할 일을 생각해 보았다.

가장 하고 싶은 건 일주일 내내 늦잠 자기이고, 이번 방학에는 가고 싶은

곳이 무척 많은데 무인도 같은 외딴섬에 가 볼 거고, 할머니 댁이 있는

시골에도 가서 물고기를 잡고, 이모가 사는 캐나다에도 가고 싶고, 엄마,

아빠, 형과 야구장과 축구장에도 가서 함께 경기를 보는 것도 꼭 해 보고

싶은 것 중 하나이다.

그렇다고 놀기만 하겠다는 건 아니다. 수학 점수가 많이 떨어졌으니까

수학 학원도 다닐 계획이고, 2학기에는 학교 체육 시간에 줄넘기 급수

따기 시험도 있을 예정이니까 줄넘기 연습도 매일 할 것이다.

이 모든 걸 방학 동안에 할 수 있을까? 나는 할 수 있다!

미리미리 계획을 세웠으니 다 할 수 있다!

차근차근 정리해 볼까?

방학을 기다리는 즐거운 마음이 잘 드러난 일기야.

방학을 앞둔 기쁨과 방학에 하고 싶은 일들이 조목조목 쓰여 있지.

그런데 많은 내용을 쓰다 보니 일기에 작은 문제가 생겼어.

방학에 할 일들을 나열하면서 문장이 너무 길어졌거든.

길어진 문장 때문에 이번 방학 계획을 한눈에 알 수 없게 되었지.

그렇다 보니 일기가 복잡하게 느껴지고, 지루하게 읽혀.

호야의 여름 방학 계획을 좀 더 명확하게 쓸 방법은 없을까?

계획하는 글을 이용하면 이런 문제를 말끔히 해결할 수 있지.

계획하는 글은 **계획이 한눈에 들어오도록 쓰는 것이 포인트야.**

그럼 오늘은 계획하는 글에 대해 알아보자.

너무 길게 썼나?

헐.

계획하는 글이 뭘까?

계획하는 글이란 **미래에 할 일**을 계획하고, 그 내용을 정리한 것이야.

방학을 앞두고 세우는 방학 계획표, 여행을 앞두고 쓰는 여행 계획표, 읽을 책을

미리 계획하는 독서 계획표 등이 여기에 속하지. 그리고 미래에 하고 싶은 일을

적는 버킷 리스트도 계획하는 글이라고 볼 수 있어. 계획을 세울 때는 실천할 수

있는 계획을 선택하는 것이 매우 중요해.

짧고 명료한 문장 만들기!

계획하는 글은 짧고 명료한 문장으로 써야 해. 그래야 한눈에 내용이 쏙

들어오기 때문이지. 아래에 문장이 하나 있어. 앗? 문장이 너무 길고 지루해.

문장을 짧고 명료한 문장으로 고쳐 볼게.

> **예문**
>
> 아침에 일어나 찬물을 한 잔 마시고 간단한 몸풀기
> 운동을 하고 밥을 먹었더니 밥맛이 아주 좋았다.

> **고친 문장**
>
> 아침에 일어나 찬물을 한 잔 마셨다. 그리고 간단한 몸풀기 운동을
> 하고 밥을 먹었다. 그러니까 밥맛이 아주 좋았다.

[예문]의 문장은 아침에 있었던 일을 줄줄이 나열하듯 써 놓았어.

이렇게 글을 쓰면 문장이 너무 길어서 글이 복잡하고 모호해져.

이럴 때는 문장을 적당히 끊어야 하는데, 이때 활용하는 것이 연결하는 말, 즉

접속어야. [고친 문장]의 '그리고'와 '그러니까'가 바로 접속어에 해당하지.

문장과 문장, 문단과 문단을 연결하는 접속어를 긴 문장에 활용해 봐.

그럼 더욱 명료한 문장을 만들 수 있어.

어떤 접속어가 있을까?

접속어의 쓰임새	접속어의 종류
앞의 내용이 원인이나 이유이고, 뒤의 내용이 결과일 때 사용하는 접속어	그래서, 그러니까, 그러므로, 따라서 예문 선생님께 야단을 맞았다. 그래서 기분이 안 좋았다.
앞의 내용과 뒤의 내용이 반대될 때 사용하는 접속어	그러나, 그렇지만, 하지만 예문 장미는 참 예쁘다. 그렇지만 가시는 날카롭다.
화제를 바꿀 때, 앞의 내용과 반대되는 내용을 이끌 때 사용하는 접속어	그런데 예문 그 말뜻은 알아들었어. 그런데 넌 어디로 갈 거니?
비슷한 내용을 나란히 연결할 때 사용하는 접속어	그리고, 또, 또한 예문 이 그림에는 파란색과 노란색이 어울려. 그리고 빨간색도 좋을 것 같아.
앞의 내용을 보충할 때 사용하는 접속어	게다가, 더욱이 예문 점심때 밥과 고구마를 먹었어. 게다가 후식으로 샌드위치도 먹었어.
앞의 내용이 결과이고, 뒤의 내용이 원인이나 이유일 때 사용하는 접속어	왜냐하면 예문 눈물이 났어. 왜냐하면 친구가 전학을 갔거든.

접속어로 짧고 명료한 문장 만들기

( ) 안에 어떤 접속어가 들어가야 할까? 〈보기〉에서 알맞은 접속어를 골라 써 봐.

보기	왜냐하면 그런데 그리고 그러나 그래서

1. 나는 밥을 먹었다. (   ) 사과를 먹었다.

2. 옷 가게에서 누나는 예쁜 원피스를 샀다. (   ) 나는 아무것도 사지 않았다.

3. 난 숙제를 다 했어. (   ) 넌 언제 할 거야?

4. 철이와 싸웠어. (   ) 종일 우울했어.

5. 큰 실수를 했어. (   ) 너무 긴장했기 때문이야.

정답: 1-그리고, 2-그러나, 3-그런데, 4-그래서, 5-왜냐하면

'기'로 명료한 문장 만들기!

'기'로 끝나는 문장은 메모할 때 자주 쓰여. 글을 간략하게 쓸 수 있어서

계획하는 글을 쓸 때도 유용해.

미니 퀴즈 2 '기'로 끝나는 문장 만들기

예문을 보고, 다음 문장을 '기'로 끝나는 문장으로 바꿔 봐.

예문	2시에 공부를 할 것이다. - - - ▶ 2시에 공부하기

1. 병원에 갈 것이다. - - - ▶

2. 독서를 할 것이다. - - - ▶

3. 노래 연습을 할 것이다. - - - ▶

4. 미국에 다녀올 것이다. - - - ▶

5. 영화를 본 뒤 저녁을 먹을 것이다. - - - ▶

차근차근 정리해 볼까?

계획하는 글을 읽어 보자!

계획하는 글을 한눈에 보여 주는 좋은 방법이 있을까? 바로 **도표**나 **숫자**를 이용하는 거야. 도표를 이용하면 복잡한 내용도 간결하게 보일 수 있어. 긴 글을 쓸 때는 '1, 2, 3' 같은 아라비아 숫자나 '첫째, 둘째, 셋째', '하나, 둘, 셋'처럼 우리말로 된 수사를 사용해도 좋아. 글이 체계적으로 보여서 훨씬 읽기 편하지. 이런 방법을 활용한 계획하는 글이 궁금하지 않니? 다양한 계획하는 글을 읽어 보도록 하자.

1. 버킷 리스트

〈올해 꼭 해 보고 싶은 버킷 리스트〉

버킷 리스트	체크
어린이 힙합 춤 대회 나가기	
줄넘기 200번 연속하기	
피아노 배우기	
단짝 친구 철수랑 야구장 가기	○
어버이날에 엄마와 아빠에게 멋진 선물하기	○
장래 내 꿈 찾기	
키 15cm 크기	
낯선 섬 여행하기	
아이돌 그룹 공연 보기	○
책 20권 읽기	
새 친구 사귀기	
돼지 저금통 가득 채우기	
수학 시험에서 100점 맞기	

버킷 리스트를 읽고 다음 문제를 풀어 봐!

1. 버킷 리스트를 보면 계획하는 일과 이미 한 일을 한눈에 알 수 있어.
버킷 리스트 중에서 이미 한 일(체크된 것)을 써 봐.

_____

_____

_____

_____

2. 버킷 리스트 중에서 나도 꼭 해 보고 싶은 것이 있다면 써 봐.

_____

_____

_____

_____

2. 생활 계획

새해 나의 생활 계획

시작이 반이라고 했다!
처음부터 계획을 세우고 실천하는 것이 중요하다.
나는 올해 다음 생활을 실천해서 알찬 한 해를 보낼 것이다.

1. 형과 싸우지 않을 것이다.
2. 내 방 청소는 스스로 할 것이다.

차근차근 정리해 볼까?

3. 일기를 일주일에 3번 이상 쓸 것이다.
4. 거짓말하지 않을 것이다.
5. 매주 수영을 할 것이다.
6. 엄마 심부름을 잘할 것이다.
7. 컴퓨터 게임하는 시간을 줄일 것이다.

거짓말하지 않겠어!
사실 난 고양이야!

헉?!

진-지

미니 퀴즈 4 ⟩ 생활 계획을 읽고 다음 문제를 풀어 봐!

1. 앞의 생활 계획 중에서 가장 실천하기 어려운 건 무엇일까? 이유도 써 봐.

_____

_____

2. 한 해가 끝날 때, 앞의 생활 계획을 잘 실천했는지 확인하고 반성할 방법이 없을까?
나의 의견을 써 봐.

_____

_____

_____

_____

_____

수의사가 되려면

내 꿈은 수의사 선생님이다. 수의사는 동물의 생명을 구하는 멋있는 직업이다. 나도 하얀 가운을 입고, 청진기를 목에 걸고, 아픈 동물을 치료해 주고 싶다. 수의사 선생님이 되기 위해서는 지금부터 차근차근 미래 계획을 세워야 한다.

첫째, 학교 공부를 열심히 할 것이다.
수의사가 되려면 대학교에서 수의학을 전공해야 한다. 수의학 대학은 특히 경쟁률이 높다. 그래서 열심히 공부해야 대학에 들어갈 수 있다.

둘째, 동물을 사랑할 것이다.
수의사는 아픈 동물을 만지고, 직접 수술한다. 따라서 동물을 사랑하는 마음이 있어야 정성껏 치료해 줄 수 있는 직업이다. 나는 어렸을 때부터 개를 키웠다. 앞으로도 개를 아끼고 사랑할 것이다.

셋째, 유기견 봉사 활동을 할 것이다.
반려동물을 키우는 사람들이 늘면서 버려지는 개가 늘고 있다. 개뿐만 아니라, 모든 동물은 인간이 보호해야 하는 존재이다. 왜냐하면 오래전부터 인간의 친구였기 때문이다. 동물의 소중함을 느끼기 위해 봉사 활동을 열심히 할 것이다.

미니 퀴즈 5 미래 계획을 읽고 다음 문제를 풀어 봐!

1. 위의 글에는 수의사가 되기 위한 세 가지 계획이 나와 있어.
그 내용을 '기'로 끝나는 문장으로 간략하게 써 봐.

첫째,

둘째,

셋째,

2. 미래에 어떤 사람이 되고 싶니? 나의 꿈을 써 봐.

다시 쓴 일기

계획하는 글을 이용하면 짜임새 있는 글을 쓸 수 있어. 일기를 훨씬 풍부한 내용으로 꾸밀 수 있지. 호야의 일기에 여름 방학 계획표를 넣어 주면 어떻게 될까?

호야의 일기

제목	나의 여름 방학 계획

이야! 여름 방학이 코앞으로 다가왔다. 아, 얼마나 기다리고 기다리던

방학인가! 방학 기간을 알차게 보내려면 미리 철저한 계획을 짜야 한다.

그래서 오늘은 온종일 이번 방학에 할 일을 생각해 보았다.

<여름 방학 계획표>

• 방학에 꼭 가고 싶은 여행	1. 무인도 가기 2. 시골에 할머니 댁 가기 3. 캐나다에 사는 이모 집 놀러 가기
• 방학에 꼭 하고 싶은 일	1. 실컷 늦잠 자기 2. 온 가족이 야구장 가기 3. 온 가족이 축구장 가기
• 방학 동안 보충해야 할 공부	수학 학원에서 수학 공부하기
• 방학 동안 해야 할 준비	2학기에 볼 줄넘기 급수 시험 대비를 위해 줄넘기 연습하기

이 모든 걸 방학 동안에 할 수 있을까? 나는 할 수 있다!

미리미리 계획을 세웠으니 다 할 수 있다!

계획하는 글을 써 보자!

미래에 하고 싶은 일을 적은 걸 버킷 리스트라고 하지.

앞으로 꼭 하고 싶은 일이 있니? 그것을 버킷 리스트로 써 봐.

올해 하고 싶은 버킷 리스트	체크

중학생이 되기 전에 하고 싶은 버킷 리스트	체크

언젠가 꼭 하고 싶은 버킷 리스트	체크

나도 올해에는 꼭 하고 싶은 게 있지!

헤헷

전 알 것 같은데요! 결혼 맞죠?

그건 불가능할 거다옹! 확실하다옹!

절레

절레

차근차근 정리해 볼까?

알려 주고 싶은 것이 있니?

일기로 시작하는 소개하는 글

호야가 싱글벙글 신난 이유를 이제 알겠어. 맘에 드는 친구가 전학을 왔는데

같은 아파트에 산다니! 더욱 신날 수밖에 없지.

게다가 앞으로 세린이와 등·하교도 함께하게 됐으니 호야는 하늘을 날 듯

기분이 좋을 거야. 호야와 세린이가 앞으로 좋은 친구가 되길 바랄게.

모두 호야와 비슷한 경험을 해 본 적이 있을 거야.

새로운 친구를 사귀고, 새로운 담임 선생님을 만나고,

새로운 곳으로 이사를 하거나 여행을 가는 경험 말이야.

새 친구에 대한 기대와 설렘!

오늘은 그 이야기를 일기로 써 보면 좋겠구나.

호야의 일기

제목	전학 온 새 친구

새 친구가 우리 반에 전학을 왔다. 새 친구 이름은 박세린!

조회 시간, 담임 선생님을 따라 교실로 들어오는 세린이를

보자마자 나는 결심했다. '세린이랑 꼭 친구가 돼야지!'

그런데 운이 정말 좋았다. 선생님이 세린이 자리를 정해 주는데, 나와

아주 가까운 자리였다. '이건 하늘이 준 기회야!'

난 용기를 내서 세린이에게 먼저 인사했다. 그러자 세린이도 활짝 웃으며

인사해 주었다. 기분이 날아갈 듯이 좋았다.

하늘은 확실히 내 편이었다. 알고 보니 세린이 집도 초록 아파트였다.

게다가 우리 집과 같은 102동!

이야! 이 정도면 인연이 확실하지 않을까? 단짝 친구가 될 인연 말이다.

세린이도 그런 생각이 들었는지, 내일 아침에 같이 학교에 가자고 했다.

벌써 내일 아침이 기다려진다.

근데 내일은 어떤 옷을 입으면 좋을까?

멋진 옷을 미리 찾아 놔야겠다.

새 친구를 사귀는 설레는 마음이 일기에 잘 드러났는걸?

'내일은 어떤 옷을 입으면 좋을까?'라는 문장에서 새 친구를 향한 두근두근

떨리는 마음이 고스란히 느껴져. 그런데 일기가 좀 허전해 보여.

그건 아마도 새 친구에 대한 정보가 너무 없기 때문일 거야.

일기에서 알 수 있는 새 친구의 정보는 이름이 '박세린'이라는 것과 초록

아파트에 산다는 것뿐이거든.

그래서 일기를 읽다 보면 궁금증이 생겨.

'세린이는 어떤 아이일까?' 하고 말이야.

얼굴은 어떻게 생겼을까? 무슨 매력이 있어서 호야가 저토록 좋아할까?

일기의 앞부분에 새 친구를 소개하는 글을 넣으면 어떨까?

소개하는 글이 뭐냐고?

좋아! 이번에는 소개하는 글에 대해서 알아보자.

소개하는 글이 뭘까?

소개란 상대방에게 모르는 사실이나 내용을 알려 주는 걸 말해.

어떤 대상을 그리듯이 세세하게 표현한다는 점에서 설명하는 글과 달라.

우리는 생활 속에서 많은 것을 상대방에게 소개하고 소개받으면서 살아.

다른 사람에게 친구나 가족을 소개하고, 나 자신을 소개하기도 하지.

소개하는 대상은 사람뿐만이 아니야. 동물, 사물, 음식, 지역 등 다양한

대상이 있어. 그래서 소개하는 글을 쓸 때는 소개하는 대상을 잘 **묘사**하거나

빗대어 표현하는 글솜씨가 필요하지.

묘사하기

묘사란 어떤 대상을 그림을 그리듯이 언어로 생생하게 표현하는 것을 말해.

대상을 묘사할 때는 전체에서 부분으로 순서를 정해서 구체적으로 설명하는 게

좋아.

미니 퀴즈 1 · 묘사해 보자!

다음 그림을 보고, 그림의 대상을 생생하게 묘사해 봐.

1.

묘사하기

> **예문** 내 얼굴은 달걀형이야. 귀는 작은 편이고,
> 머리카락은 곱슬머리야. 눈썹은 연하고
> 눈은 커. 코는 작은 편이지만 오뚝하고,
> 입술은 빨갛고 둥근 모양이야.

2.

묘사하기

- - -▶

3.

묘사하기

- - -▶

4.

묘사하기

- - -▶

5.

묘사하기

- - -▶

빗대어 쓰기

대상을 소개할 때 무언가에 빗대어 표현하는 것도 좋은 방법이야.

빗댄다는 건 그 대상이 무엇과 닮았는지, 또는 무엇처럼 보이는지를 곧바로

말하지 않고 빙 둘러서 말하는 표현이야.

미니 퀴즈 2 · 빗대어 써 보자!

다음 예문처럼 아래 문장을 무언가에 빗대어 자유롭게 표현해 봐.

> **예문** 저 필통 안에 연필이 3자루 있어. ---▶ 연필들이 형제처럼 사이좋게 누워 있어.

1. 아기 발이 아주 작아.

---▶

2. 용수철이 팅겨 나갔어.

---▶

3. 하늘에 구름이 떠 있어.

---▶

4. 옥수수가 바구니에 담겨 있어.

---▶

5. 빨랫줄에 걸린 이불이 바람에 날리네.

---▶

소개하는 글을 읽어 보자!

소개하는 글이라고 하면 어떤 게 떠오르니?

주로 사람이나 사물을 소개하는 글이 떠오를 거야.

최근에는 다양한 분야에서 소개하는 글이 쓰이고 있어.

주로 SNS나 블로그에서 많이 쓰이지. 그 대표적인 글이 바로 '맛집 소개'야.

무엇을 어떻게 소개하고 있을까?

다양한 소개하는 글을 읽어 보도록 하자.

1. 맛집을 소개하는 글

뚱보네 햄버거집을 소개해요!

제가 좋아하는 맛집은 뚱보네 햄버거집!
그곳의 메뉴 중에서 쇠고기 햄버거를 소개할게요.
수제 버거라 패스트푸드와는 차원이 다르답니다!

요즘 뉴스에 패스트푸드 햄버거의 위생이 불량해서
건강에 문제가 된다는 내용이 자주 나오는 거 아시죠?
그래서 전 직접 만드는 수제 버거를 주로 먹어요.
특히 뚱보네 햄버거는 완전 강추!
여기는 일단 가게가 넓고 깨끗해서 안심돼요.
실내 장식도 완전 내 취향!
이렇게 물 마시는 곳도 깨끗하고요.
제가 좋아하는 핫 소스도 있네요.

제가 이곳 햄버거를 좋아하는 이유는
바로 쇠고기 패티 때문이에요.
패티가 정말 맛있고, 손바닥만큼 커요.
100% 쇠고기로 만든대요!
단점은 주문하고 나오기까지 좀 기다려야 한다는 건데요.
그건 수제 햄버거라서 어쩔 수 없어요.
그래도 조금만 참고 기다리면,
엄청난 크기의 햄버거 등장!
아무리 양 많고 맛있는 집이라고 해도
이 정도는 아닐걸요?
양파랑 토마토, 양상추가 듬뿍! 패티는 완전 큼직큼직!
깨까지 솔솔 뿌려진 빵과 맛있는 소스도 듬뿍!

이 집에는 메뉴가 모두 네 가지예요.
전 쇠고기 햄버거를 즐기지만,
치즈 햄버거, 베이컨 햄버거, 아보카도 햄버거도 맛있어요.
꼭 한번 가서 먹어 보세요.
후회하지 않을 거예요.
지도도 올려 드릴게요.

소개하는 글을 읽고 다음 문제를 풀어 봐!

1. 앞의 글은 무엇을 소개하고 있니?

_____

_____

2. 앞의 글에서 쇠고기 햄버거를 묘사한 부분을 찾아서 써 봐.

_____

_____

_____

_____

_____

이매탈을 소개해요!

오늘은 제가 좋아하는 하회탈을 소개할게요. 국보 제121호인 하회탈은 각시탈, 초랭이탈, 중탈, 할미탈, 이매탈 등 14종류나 돼요. 그런데 그중 난 이매탈이 가장 마음에 들어요. 익살스러운 표정도 재미있고 가장 특이하게 생겼거든요.

하회탈이 뭐냐고요? 하회탈은 경북 안동 하회 마을에서 만들어져 내려오는 목조탈로 탈마다 익살스러운 표정과 개성을 가지고 있어요. 하회 마을에서 전통 역할극인 별신굿 놀이를 할 때 광대들이 얼굴에 착용하던 탈이래요.

그런데 그중 이매탈에는 재미난 전설이 전해져요. 하회탈을 처음으로 만든 사람은 허 도령인데, 허 도령이 탈을 만들기 시작한 건 이상한 꿈 때문이었어요. 마침 마을에 나쁜 일들이 계속 생겼는데, 꿈에 나온 산신령이 아무도 모르게 탈 14개를 만들어서 춤을 추라고 한 거예요. 그럼 나쁜 일이 일어나지 않는다고 하면서요.

이에 허 도령은 집에 아무도 오지 못하도록 금줄을 치고서 탈을 만들기 시작했지요. 그리고 어느덧 마지막 14번째 탈인 이매탈이 완성되어 갈 무렵, 생각지 못한 일이 벌어지고 말았어요. 허 도령을 좋아하던 처녀가 그리움을 참지 못해 방문을 열어 버렸지 뭐예요. 그러자 허 도령은 피를 토하고 죽고 말았다고 해요. 입만 붙이면 되는 이매탈을 완성하지 못하고서 말이에요. 그 때문에 이매탈은 입과 턱이 없지요.

보세요. 정말 입과 턱이 없지요?

전설을 알고 나니 이매탈이 더 신비롭게 보이지 않나요?

소개하는 글을 읽고 다음 문제를 풀어 봐!

1. 앞의 글은 무엇을 소개하고 있니?

2. 이매탈의 생김새를 보고 묘사하거나 빗대어 써 봐.

_____

_____

_____

_____

_____

3. 가족을 소개하는 글

우리 가족을 소개해요

우리 가족은 아빠, 엄마, 형과 나 이렇게 4명이에요.

글을 잘 쓰는 아빠는 신문사에서 기자로 일하고, 손재주가 좋은 엄마는

플로리스트로 일하지요. 동네에서 작은 꽃집을 하는데 플라워 클래스도

있답니다. 아빠는 키가 크고 어깨가 태평양처럼 넓어요. 엄마는 눈이

크고 손이 참 고와요. 우리 엄마와 아빠는 늘 잘 웃고 형과 나에게

칭찬을 자주 해 줘요. 그래서 난 부모님을 아주 좋아하지요.

그런데 아빠는 일이 많기 때문에 평소에 늦게 들어와요.

엄마도 꽃집이 7시에 문을 닫아서 밤에야 들어오지요.

그래서 나는 주로 형과 놀아요. 우리 형도 아빠처럼 키가 크지요.

그렇지만 아빠와 달리 우리 형은 성격이 좀 급해서 나와 말다툼을

하는 일이 많아요. 그래도 금세 화를 풀고 먼저 사과하는 뒤끝이 없는

성격이라서 다툼이 오래가지는 않지요. 형은 사과할 때 맛있는 떡볶이를

만들어 주는데, 형이 만든 떡볶이는 매콤하고 달콤해서 아주 맛있어요.

주말이면 우리 가족은 함께 야구 경기를 보러

갈 때가 많아요. 가족 모두 야구를

좋아하거든요. 같이 영화를 볼 때도 있지요.

오순도순 행복한 우리 가족!

영원히 이렇게 행복하게 살았으면 좋겠어요.

미니 퀴즈 5 ▸ 소개하는 글을 읽고 다음 문제를 풀어 봐!

1. 위의 글에서 소개한 가족은 나를 포함해서 모두 몇 명일까?

2. 위의 글에서 형을 소개한 부분을 찾아서 써 봐.

_____

_____

_____

_____

다시 쓴 일기

소개하는 글을 이용하면 친절한 글을 쓸 수 있어. 일기를 훨씬 풍부한 내용으로
꾸밀 수 있지. 호야의 일기에 새 친구를 소개하는 글을 넣어 주면 어떻게 될까?

호야의 일기

제목	전학 온 새 친구

새 친구가 우리 반에 전학을 왔다.

새 친구의 이름은 박세린! 조회 시간, 담임 선생님을 따라 교실로

들어오는 세린이를 보자마자 나는 결심했다.

'세린이랑 꼭 친구가 돼야지!'

소개하는 글 세린이는 참 예쁘다.

사과처럼 동글동글한 얼굴도 사탕처럼 큰 눈도 예쁘다.

웃을 때 왼쪽 볼에 보조개가 쏙 들어가는데 그걸 보면

나도 몰래 따라 웃게 된다.

세린이는 키가 아담하고 머리가 길다.

그래서 찰랑찰랑한 긴 머리를 양쪽으로 묶은 모습이 꼭 토끼 같았다.

당당하고 자신감 있는 자세와 목소리도 세린이만의 장점이다.

세린이를 보면 나도 모르게 가슴이 자꾸 뛰었다.

세린이와 친구가 되면 참 좋겠다고 생각했다.

그런데 운이 정말 좋았다. 선생님이 세린이 자리를 정해 주는데,

나와 아주 가까운 자리였다.

'이건 하늘이 준 기회야!'

난 용기를 내서 세린이에게 먼저 인사했다. 그러자 세린이도 활짝 웃으며

인사해 주었다. 기분이 날아갈 듯이 좋았다.

하늘은 확실히 내 편이었다. 알고 보니 세린이 집도 초록 아파트였다.

게다가 우리 집과 같은 102동!

이야! 이 정도면 인연이 확실하지 않을까? 단짝 친구가 될 인연 말이다.

세린이도 그런 생각이 들었는지, 내일 아침에 같이 학교에 가자고 했다.

벌써 내일 아침이 기다려진다.

근데 내일은 어떤 옷을 입으면 좋을까?

멋진 옷을 미리 찾아 놔야겠다.

소개하는 글을 써 보자!

최근에 먹은 음식 중에서 가장 맛있었던 음식을 소개해 보면 어떨까?

음식의 색깔이나 모양, 맛을 잘 묘사하면 재미있는 소개하는 글이 완성될 거야.

또는 내가 직접 만들었던 음식을 소개해도 좋아!

제목	

누군가에게 하고 싶은 말이 있다면?

엄마의 생신 이야기

일기로 시작하는 편지

오늘은 호야 엄마의 생신날이었어.

호야는 엄마에게 생신 선물로 무엇을 드릴지 며칠을 고민했지.

결국에는 엄마의 다 쓴 립스틱 통을 발견해서 빨간 립스틱을 선물해 드렸어.

호야가 엄마에게 꼭 필요한 선물을 드렸구나.

이제 부모님 생신까지 챙길 줄 아는 모습이 기특해. 다 컸는걸?

그런데 엄마는 선물보다 더 받고 싶은 게 있었던 것 같아.

호야가 직접 쓴, 마음이 담긴 생신 축하 편지 말이야.

값비싼 선물도 좋지만, 때로는 **진심이 담긴 편지 한 통이 더 큰 감동을 주기**

때문이지.

자, 그럼 엄마의 생신 이야기로 일기를 써 볼까?

호야의 일기

제목	엄마의 생신

화장품 가게에서 예쁜 립스틱을 샀다. 오늘이 엄마의 생신이기 때문이다.

며칠 전에 보니, 엄마가 다 쓴 립스틱 통을 들고 당황한 표정을 지었다.

그래서 립스틱을 생신 선물로 사기로 마음먹고 용돈을 모아 왔었다.

아빠는 예쁜 스카프를 사 왔다. 그런데 엄마는 아빠의 선물보다 내가

사 온 립스틱을 더 좋아하는 것 같았다. 아빠 선물을 받을 때보다 내

선물을 받고는 더 활짝 웃었다. 기뻐하는 엄마를 보니 기분이 너무 좋았다.

그런데 중요한 한 가지를 잊고 말았다. 생신 선물 준비에 신경을 쓰다가

편지를 깜빡한 것이다. 엄마는 무척 서운한 눈치였다.

다음에는 꼭 축하 편지도 함께 써서 엄마를 기쁘게 해야겠다.

이번 일기에는 엄마를 위하는 마음과 편지를 전해 드리지 못한 아쉬움이 잘 드러났어. 그런데 엄마에게 생신 축하 편지를 쓰지 않은 건 정말 큰 실수였어. 엄마는 분명 선물보다 그 편지를 더 좋아했을 거야.

그러니까 지금이라도 편지를 써 보는 건 어떨까? 편지 쓰는 건 너무 어렵다고? 천만에! 전혀 어렵지 않아. 그럼 오늘은 편지 쓰기에 관해 이야기해 줄게.

편지가 뭘까?

안부나 소식, 또는 하고 싶은 말을 적어 보내는 글을 편지라고 하지.

편지는 쓰게 된 **목적**이 뚜렷할 때가 많아. 감사의 마음을 전하는 감사 편지나

축하하는 마음을 전하는 축하 편지, 또 미안한 마음을 전하는 사과 편지 등을

보면 그 목적이 확실하다는 것을 알 수 있어.

초대하는 편지나 부탁의 편지도 그 목적이 분명하지.

미니 퀴즈 1 | 편지의 목적을 맞춰 봐!

다음 글은 각각 다른 편지에서 뽑아낸 문장들이야.
편지의 목적으로 알맞은 것을 선으로 이어 봐.

1.
> 내 생일 파티에 소중한 친구들을
> 초대해서 즐거운 시간을 보내고 싶어.

● ① 초대의 편지

2.
> 소희야, 너희 집에 두고 온 책을 내일
> 학교에 올 때 가져다주면
> 정말 고맙겠어.

● ② 부탁의 편지

3.
> 당신은 이번 대회에서 최우수작으로
> 당선하셨습니다. 축하합니다.

● ③ 사과의 편지

4.
> 선생님 은혜를 잊지 않겠습니다.

● ④ 감사의 편지

5.
> 그날은 내가 잘못했어.
> 내가 너무 속 좁게 굴었어.

● ⑤ 축하의 편지

정답: 1-①, 2-②, 3-⑤, 4-④, 5-③

편지에 무엇을 써야 할까?

편지는 누군가에게 전달하기 위해서 쓰는 글이야.

그래서 먼저 **'받는 사람(수신인)'**을 꼭 밝혀야 하지. 또 글로 의사를 전달하기 때문에 딱딱하게 느껴지지 않도록 노력을 기울여야 해. 우선 앞부분에 간단하게 **'인사말'**을 넣어 분위기를 환기한 후에 **'하고 싶은 이야기'**를 전달하는 것이 좋아. 뒷부분에는 **'마무리 인사'**를 넣어서 편지가 끝났음을 알려야 하지. 그리고 마지막에는 편지를 **'쓴 날짜'**와 **'보내는 사람'**을 적어서 언제, 누가 편지를 썼는지 밝혀야 해.

미니 퀴즈 2 🎀 편지의 구성 요소를 찾아라!

엽서의 빈칸에 들어갈 적절한 내용을 〈보기〉에서 찾아서 써 봐.

민수에게 · (   )
민수야, 잘 지내고 있지? · · · · · · · · · · · · · · (인사말)
난 지금 설악산에 와 있어. · · · · · · · · · · · · (하고 싶은 이야기)
부모님과 여행 중이거든. 방학이라서 예전부터 하고 싶던 전국 여행을 시작했지.
너에게 아름다운 설악산을 보여 주고 싶어서 풍경이 담긴 엽서를 샀어.
이 엽서를 통해 너도 설악산의 아름다움에 취해 보길 바랄게.
방학 잘 보내고 개학하면 예전처럼 단짝 친구로 잘 지내자. · · · · (   )
2019년 7월 20일 · · · · · · · · · · · · · · · · · (쓴 날짜)
너의 친구 재원이가 · · · · · · · · · · · · · · · · ( )

> 내 마음을 받아 달라옹!

> 진심이 담긴 감동적인 편지야!

| 보기 | 보내는 사람   받는 사람   마무리 인사 |

누군가에게 하고 싶은 말이 있다면?

편지를 읽어 보자!

예전에는 편지지에 손수 글을 쓰고, 편지 봉투에 주소를 적어서 우편을
통해야만 편지를 보낼 수 있었어. 하지만 지금은 다양한 방법으로 편지를
전달하지. 이메일, SNS를 통한 편지, 문자 메시지로도 얼마든지 편지를
주고받아. 다양한 형태의 편지를 읽어 보도록 하자.

1. 이메일로 보낸 편지

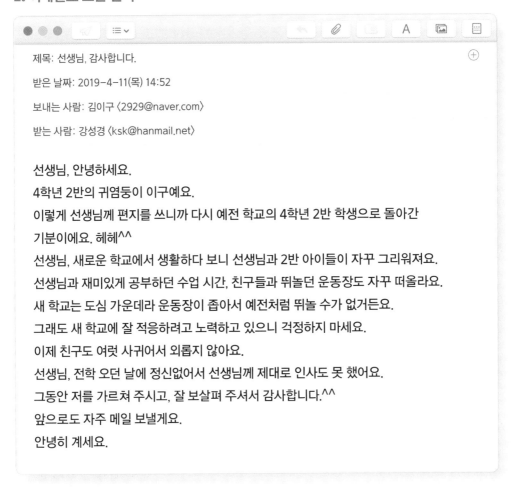

제목: 선생님, 감사합니다.

받은 날짜: 2019-4-11(목) 14:52

보내는 사람: 김이구 〈2929@naver.com〉

받는 사람: 강성경 〈ksk@hanmail.net〉

선생님, 안녕하세요.
4학년 2반의 귀염둥이 이구예요.
이렇게 선생님께 편지를 쓰니까 다시 예전 학교의 4학년 2반 학생으로 돌아간
기분이에요. 헤헤^^
선생님, 새로운 학교에서 생활하다 보니 선생님과 2반 아이들이 자꾸 그리워져요.
선생님과 재미있게 공부하던 수업 시간, 친구들과 뛰놀던 운동장도 자꾸 떠올라요.
새 학교는 도심 가운데라 운동장이 좁아서 예전처럼 뛰놀 수가 없거든요.
그래도 새 학교에 잘 적응하려고 노력하고 있으니 걱정하지 마세요.
이제 친구도 여럿 사귀어서 외롭지 않아요.
선생님, 전학 오던 날에 정신없어서 선생님께 제대로 인사도 못 했어요.
그동안 저를 가르쳐 주시고, 잘 보살펴 주셔서 감사합니다.^^
앞으로도 자주 메일 보낼게요.
안녕히 계세요.

1. 이메일을 보내는 사람과 이메일을 받는 사람의 직업을 찾아서 써 봐.

① 보내는 사람: ② 받는 사람:

2. 글쓴이가 이메일을 보낸 목적을 찾아서 써 봐.

_____

_____

2. SNS를 통한 편지

맛있는 빵도 먹고 이웃과 사랑도 나누세요!

향긋한 빵 냄새로 아침을 열고 싶지 않으세요?
저희 〈맛나 빵집〉에 오시면 오감을 자극하는 맛있는 빵이
여러분을 기다리고 있습니다.
특히 이번 주 수요일에 나오는 빵은 더욱 특별하답니다.
맛도 특별하고 의미도 특별하지요!
수요일의 판매 수익은 모두 반짝 보육원에 전달될 예정이에요.
그뿐만이 아니라, 직접 빵을 만들어 볼 수 있는 '체험, 나도 제빵사'
수업도 같이 진행될 예정입니다. 이렇게 만들어진 빵도 역시 반짝
보육원에 같이 전달될 거예요.
이번 주 수요일을 더욱 특별하게 보내고
싶다면 편하게 방문해 주세요!

＊오시는 방법:
우주 은행 오거리에서 꽃집 방향으로
직진하세요. 2분 정도 걸으면,
보라색 건물 1층에 빵 모양 간판을 단
〈맛나 빵집〉이 있습니다.

편지를 읽고 다음 문제를 풀어 봐!

1. 앞의 편지에서 안내하는 행사의 내용을 써 봐.

2. 앞의 편지는 맛나 빵집에 오는 방법을 안내하고 있어. 우리 집에 오는 방법을 안내해 봐.

_____

_____

3. 문자 메시지로 보낸 생일 초대장

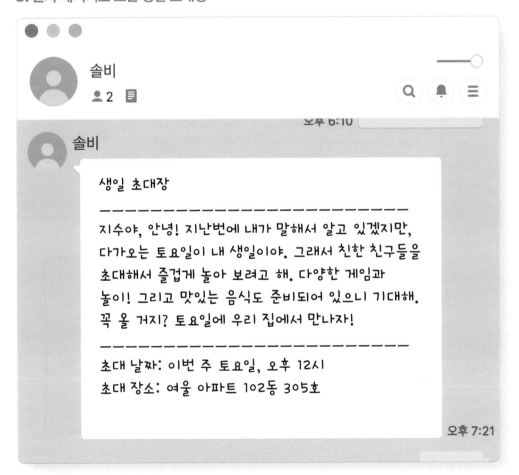

1. 앞의 편지는 무엇을 목적으로 쓰였니? 편지를 쓴 목적을 써 봐.

2. 편지 속에 혹시 아쉬운 점이 있니? 더 넣고 싶은 내용이 있다면 자유롭게 써 봐.

누군가에게 하고 싶은 말이 있다면?

다시 쓴 일기

편지를 이용하면 진심이 담긴 글을 쓸 수 있어. 일기를 훨씬 풍부한 내용으로 꾸밀 수 있지. 호야의 일기에 엄마에게 보내는 편지를 넣어 주면 어떻게 될까?

호야의 일기

제목	엄마의 생신

화장품 가게에서 예쁜 립스틱을 샀다.

오늘이 엄마의 생신이기 때문이다.

며칠 전에 보니, 엄마가 다 쓴 립스틱 통을 들고 당황한 표정을 지었다.

그래서 립스틱을 생신 선물로 사기로 마음먹고 용돈을 모아 왔었다.

아빠는 예쁜 스카프를 사 왔다.

그런데 엄마는 아빠의 선물보다 내가 사 온 립스틱을 더 좋아하는 것 같았다. 아빠 선물을 받을 때보다 내 선물을 받고는 더 활짝 웃었다.

기뻐하는 엄마를 보니 기분이 너무 좋았다.

그런데 중요한 한 가지를 잊고 말았다.

생신 선물 준비에 신경을 쓰다가 편지를 깜빡한 것이다. 엄마는 무척 서운한 눈치였다.

그래서 지금이라도 엄마에게 생신 축하 편지를 써서 전하기로 했다.

편지

사랑하는 엄마께

엄마, 저 막내 호야예요. 깜짝 놀라셨죠?

오늘은 아주 특별한 날이에요.

엄마가 이 세상에 태어나신 날이잖아요.

만약 엄마가 안 계셨다면 저도 이 세상에 없었겠지요?

그러니 세상에서 가장 특별하고 멋진 날이에요.

엄마, 사랑해요.

앞으로 더 좋은 아들이 되도록 노력할게요.

생신 축하드려요! 하늘만큼 땅만큼요!

2019년 12월 14일

귀여운 막내, 호야가 드림

내 진심을 담아서 쓴 생신 축하 편지라면 엄마도 기뻐하겠지?

어서 편지지에 옮겨 적어서 엄마에게 전해 드려야겠다.

편지를 써 보자!

최근에 혹시 누군가에게 감사한 마음을 가졌던 적이 있니? 그렇다면 감사의
편지를 써서 마음을 전달해 봐. 미안한 일이 있었다면 사과의 편지를 그리고
축하할 일이 있다면 축하의 편지를 써도 좋아.

(   )에게

_____

_____

_____

_____

_____

_____

_____

(   )년 (   )월 (   )일

(   )가

나도 편지 보낼 곳이 많아. 어릴 때 헤어진 엄마랑 내 동생들! 하지만 글자를 모르니…. 흑흑!

글자라면 내가 좀 안다옹! 호야 등 너머로 조금 배웠다옹! 내가 써 주겠다옹~

훌쩍

엉엉

흑

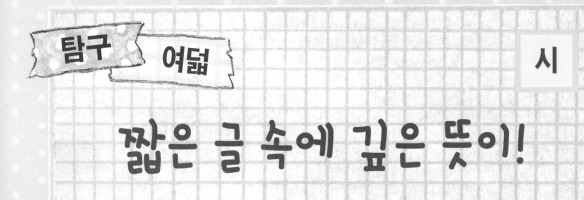

탐구 여덟

시

짧은 글 속에 깊은 뜻이!

아, 드디어 글쓰기 수업의
마지막 날이구나.

원래 마지막이란 시원하면서도 섭섭한
기분이 들지. 그럼 오늘은 그 기분을 일기로 써
보면 되겠군. 글쓰기 수업 마지막 날의 기분!

벌써 마지막 수업이라니!
기분이 이상해요.

마지막 글쓰기 수업

짧은 글 속에 깊은 뜻이!

일기로 시작하는 시

오늘은 호야와 술술샘의 글쓰기 수업 마지막 날이었어.

막상 수업이 끝난다니 호야는 복잡한 감정이 들었지.

선생님과 함께 보낸 시간 동안 많은 추억을 쌓았거든.

그래서 호야는 복잡한 감정을 설명하기가 어려웠어.

감정을 잘 표현하려면 어떻게 해야 할까? 반드시 긴 문장을 쓰는 것이 좋을까?

긴 문장과 글로 이러쿵저러쿵하고 표현하기 힘든 감정들이 있어.

그럴 때는 오히려 짧은 문장으로 표현해 봐.

무슨 말이냐고? **문장을 짧게 쓰면 마음을 압축해서 표현할 수 있거든.**

오히려 감동적이고 아름다운 글을 쓸 수 있지.

호야의 일기

제목	마지막 수업 이야기

오늘은 술술샘과 함께하는 마지막 수업 날이었다.

술술샘에게 마지막으로 하고 싶은 말이 참 많다.

그 이야기를 시로 써 보려 한다.

〈술술샘과의 마지막 수업〉

슬프다!

눈물만 주르륵!

내 마음에도 눈물이 주룩주룩!

오호! 굉장한걸. 단 세 줄로 묘사된 글 속에 진실한 마음이 오롯이 담겼어.
멋진 시(詩)가 됐네. 이처럼 주절주절 표현되지 않는 감정이나 느낌은 간결한
시로 적어도 좋지. 좋아! 그럼 이번에는 시에 대해서 알아보자.

짧은 글 속에 깊은 뜻이!

시란 무엇일까?

시란 자신이 느낀 감동이나 생각을 운율이 있는 언어를 사용해서 함축적으로 표현한 글이야.

함축적인 표현이 뭘까?

함축적이라는 건 글쓴이의 감정과 생각이 글에 깊숙이 숨겨져 있다는 뜻이야.

그래서 시는 짧은 문장으로도 여러 가지 뜻을 압축해서 담을 수 있지.

함축적인 표현에는 직유법, 은유법, 의인법 같은 **비유법**이 있어.

직유법	어떤 대상을 다른 대상에 빗대어 표현하는 방법이야. '같이', '처럼', '듯이'와 같은 연결어를 사용해.	예문 누나같이 생긴 꽃이여. ---▶ 함축적 의미: 아름다운 누나
은유법	어떤 대상을 다른 대상에 빗대어 표현하는 방법이야. '~은 ~다.'를 사용해.	예문 내 마음은 호수다. ---▶ 함축적 의미: 평온, 평화, 고요
의인법	사람이 아닌 것을 사람처럼 빗대어 표현하는 방법이야.	예문 꽃이 웃는다.

◁미니 퀴즈 1▷ 함축적인 문장을 만들어 봐!

비유법을 활용하여 함축적인 표현을 자유롭게 써 봐.

1. ＿＿＿＿＿＿＿ 처럼 생긴 구름.

2. 가을은 ＿＿＿＿＿＿＿다.

3. 책상이 ＿＿＿＿＿＿＿다.

운율이 뭘까?

시는 아주 오래전부터 생겨났는데, 그 시작은 노래였다고 해. 원시 사람들은 기쁠 때나 슬플 때나 자기감정을 노래로 표현하기를 즐겼는데, 그게 시의 시작이 되었지. 노래에는 일정한 운율이 있어. 노랫말에서 시작된 시에도 운율이 있지. 운율이란 말의 가락을 말하는 거야. 시가 음악처럼 부드러운 흐름을 갖는 건 바로 운율 때문이지. 운율을 이루기 위해서는 규칙적인 반복이 필요해. **같거나 비슷한 소리**를 반복하거나, **글자 수**를 반복하기도 하지. 또는 **비슷한 문장**을 반복하거나 **의성어**(소리를 흉내 낸 말), **의태어**(모양을 흉내 낸 말)를 사용해서 운율을 이루는 방법도 있어.

같거나 비슷한 소리를 반복한 경우	예문 새야 새야 파랑새야. -민요, 〈파랑새〉
글자 수를 반복한 경우	예문 나 보기가 역겨워 (7자) 가실 때에는 (5자) 말없이 고이 보내 (7자) 드리오리다. (5자) -김소월, 〈진달래꽃〉
비슷한 문장을 반복한 경우	예문 나비야 나비야 이리 날아오너라. 노랑나비 흰나비 춤을 추며 오너라. -동요, 〈나비야〉
의성어와 의태어를 사용한 경우	예문 반짝반짝 작은 별 아름답게 비치네. -동요, 〈반짝반짝 작은 별〉

짧은 글 속에 깊은 뜻이!

비슷한 문장을 반복해 봐!

다음 예문처럼 비슷한 문장을 반복해서 운율을 만들어 봐.

> **예문**
> 나비야 나비야 이리 <u>날아오너라</u>.
> 노랑나비 흰나비 춤을 추며 <u>오너라</u>. —동요, 〈나비야〉

1. 새싹은 파릇파릇 피어나고

- - - ▶   나고

2. 푸른 하늘을 훨훨 날고 싶어라.

- - - ▶   싶어라.

의성어와 의태어를 찾아봐!

의성어와 의태어를 사용하면 운율이 잘 살아나서 훨씬 생동감 넘치는 시가 되지. 다음 문장에 적절한 의성어와 의태어를 찾아서 동그라미를 그려 봐.

1. 이슬비가 (보슬보슬, 데굴데굴) 내려요.

2. 귀여운 아기가 (지글지글, 아장아장) 걸어가요.

3. 주전자에서 물이 (물컹물컹, 보글보글) 끓어요.

4. 봄꽃들이 인사하며 (방긋방긋, 오들오들) 웃어요.

5. 가을 산에 단풍이 (울긋불긋, 거뭇거뭇) 물들었어요.

정답: 1-보슬보슬, 2-아장아장, 3-보글보글, 4-방긋방긋, 5-울긋불긋

시를 어떻게 써야 할까?

시에는 다른 글에는 없는 구성 요소가 있어.

바로 제목과 지은이, 행과 연이지.

아래에 시를 살펴보자.

내 마음 · · · · · · · · · · · · · · · · · · `제목`

서재원 · · · · · · · · `지은이`

내 마음은 푸른 강물처럼 · · · · · · · · `1행` ┐
먼 곳을 향해 넘실넘실 흘러가요. · · · · `2행` ┘ 1연

내 마음은 하얀 구름처럼 · · · · · · · · · `3행` ┐
먼 곳을 향해 둥실둥실 흘러가요. · · · · `4행` ┘ 2연

시에는 **제목**이 있어. 보통 제목은 시의 소재나 중심 내용을 나타내는 것으로

짓고는 해. 다음으로는 누가 썼는지 **지은이**의 이름을 꼭 밝혀 줘야 하지.

시는 **행**과 **연**으로 구성돼. 시의 한 줄을 행이라고 하고, 여러 행이 모여서

이루어진 한 덩어리를 연이라고 하지. 행과 연은 개수 제한이 없어. 위의 시는

2연 4행으로 된 시야. 1연으로만 된 시도 있어. 그래서 시를

쓸 때는 몇 행과 몇 연으로 시를 쓸 것인지 고민해야 해.

시가 행과 연으로 나누어진 이유는 운율 때문이야. 비슷한

형식의 행과 연을 반복하면 운율이 더욱 효과적으로 드러나지.

그렇지만 반드시 비슷한 형식의 행과 연을 사용할 필요는 없어.

마음이 가는 대로 자유롭게 쓰면 돼.

> 정해진 형식이나 운율이 없는 시는 자유시라고 해!

시를 읽어 보자!

시를 읽는 건 그림이나 영화를 보는 것과 같아. 마음속에 어떤 장면이 떠오르거나 어떤 소리가 들릴 거야. 거기에 집중해 봐.

1. 우리들이 쓴 시

감기

난곡초등학교 2학년 박세린

감기는 힘들어요.
콜록콜록 기침을 해요.

감기는 힘들어요.
주룩주룩 콧물이 나요.

이마도 따끈따끈
머리도 지끈지끈
감기야, 제발 떠나 줘.

미니 퀴즈 4 시를 읽고 다음 질문에 답해 봐!

1. 위의 시에서 가장 재미난 행을 골라서 써 봐.

2. 감기를 주제로 짧은 시를 지어 봐. 내용이 적어도 좋아.

_____

_____

_____

2. 동요의 노랫말

햇볕은 쨍쨍

작사: 최옥란, 작곡: 홍난파

햇볕은 쨍쨍 모래알은 반짝 · · · · · · · · · · ( )
모래알로 떡 해 놓고 · · · · · · · · · · · · · ( )
조약돌로 소반 지어 · · · · · · · · · · · · ( )
언니 누나 모셔다가 맛있게도 냠냠 · · · · · · ( )

햇볕은 쨍쨍 모래알은 반짝 · · · · · · · · · · ( )
호미 들고 괭이 메고 · · · · · · · · · · · ( )
뻗어 가는 메를 캐어 · · · · · · · · · · · ( )
엄마 아빠 모셔다가 맛있게도 냠냠 · · · · · · · ( )

미니 퀴즈 5 노랫말을 읽고 다음 질문에 답해 봐!

위의 노랫말은 1연과 2연의 글자 수가 정확히 일치하며 운율을 이루고 있어.
( ) 안에 각 행의 글자 수를 써 봐.

정답: 1연-11, 8, 8, 14
2연-11, 8, 8, 14

짧은 글 속에 깊은 뜻이!

별 헤는 밤

윤동주

계절이 지나가는 하늘에는
가을로 가득 차 있습니다.

나는 아무 걱정도 없이
가을 속의 별들을 다 헤일 듯합니다.

가슴속에 하나둘 새겨지는 별을
이제 다 못 헤는 것은
쉬이 아침이 오는 까닭이요,
내일 밤이 남은 까닭이요,
아직 나의 청춘이 다하지 않은 까닭입니다.

별 하나에 추억과
별 하나에 사랑과
별 하나에 쓸쓸함과
별 하나에 동경과
별 하나에 시와
별 하나에 어머니, 어머니,

-이하 생략-

1. 앞의 시는 〈별 헤는 밤〉이란 시의 일부분이야.
생략된 부분도 찾아서 읽어 본 후, 느낀 감상을 자유롭게 써 봐.

---

2. 시를 잘 감상하려면 시를 쓴 시인이 어떻게 살았는지 알아보는 것도 좋아.
윤동주 시인은 우리 역사에서 비극적인 시기로 기록된 시대를 살다 갔어.
그 시기가 언제였을까? 찾아서 써 봐.

3. 앞의 시를 읽고 떠오르는 장면을 자유롭게 그려 봐.

다시 쓴 일기

시를 이용하면 함축적이고 리듬감 있는 글을 쓸 수 있어. 일기를 훨씬 풍부한 내용으로 꾸밀 수 있지. 호야의 마지막 일기에 시를 넣어 주면 어떻게 될까?

호야의 일기

제목	마지막 수업 이야기

오늘은 술술샘과 함께하는 마지막 수업 날이었다.

술술샘에게 마지막으로 하고 싶은 말이 참 많다.

그 이야기를 시로 써 보려 한다.

시

<술술샘과의 마지막 수업>

김호야

술술샘은 마법사

어떤 아이라도 술술 쓱쓱

일기 박사로 만들어요.

술술샘은 요술사

모든 아이를 술술 척척

글쓰기 대장으로 만들어요.

그런데 이제는 술술샘과 이별할 시간!

너무 슬퍼서 눈물만 주룩주룩!

수리수리 술술! 마법사 술술샘!

고맙습니다.

수리수리 술술! 다른 친구들도

글쓰기 대장으로 만들어 주세요.

시를 통해서라면 술술샘에게 못다 한 이야기를 전달할 수 있을 것 같다.

술술샘 덕분에 이제 글쓰기가 두렵지 않다.

오히려 글쓰기가 너무 재미있고 신나는 일이 되어 버렸다.

술술샘 고맙습니다!

시를 써 보자!

시는 우리 마음에 감동을 주는 마법 같은 힘이 있지.

마음을 담아서 시를 써 봐.

어떤 글이라도 시가 될 수 있고, 누구라도 시인이 될 수 있어.

제목	

내가 지은 시다옹. 들어 봐라옹!
아빠가 출근할 때 뽀뽀뽀!
엄마가 안아 줘도 뽀뽀뽀!

이거 어디서
많이 들어 본 거
같은데?

짧은 글 속에 깊은 뜻이!